미리캔버스
너도 디자인
할 수 있어!

미리캔버스 너도 디자인 할 수 있어!

초판 1쇄 인쇄 2021년 5월 30일
2쇄 발행 2021년 10월 20일

지은이 **전경옥**
펴낸이 **우세웅**
책임편집 **나은비**
기획편집 **김휘연 김은지**
콘텐츠기획·홍보 **전다솔**
북디자인 **이선영**

종이 **페이퍼프라이스(주)**
인쇄 **(주)다온피앤피**

펴낸곳 **슬로디미디어그룹**
신고번호 **제25100-2017-000035호**
신고년월일 **2017년 6월 13일**
주소 **서울특별시 마포구 월드컵북로 400, 상암동 서울산업진흥원(문화콘텐츠센터) 5층 22호**
전화 **02)493-7780**
팩스 **0303)3442-7780**
전자우편 **slody925@gmail.com(원고투고·사업제휴)**
홈페이지 **slodymedia.modoo.at**
블로그 **slodymedia.xyz**
페이스북인스타그램 **slodymedia**

ISBN 979-11-88977-89-5 (03000)

이렇게 쉽게 디자인을 한다고? 저작권 걱정 없는 무료 디자인 툴

미리캔버스
너도 디자인 할 수 있어!

― 전경옥 지음 ―

 슬로디미디어

미리캔버스 전격 파헤치기!

작가와의 7문 7답 인터뷰

Q1. 미리캔버스에 대해 소개 부탁드립니다. 미리캔버스는 어떤 분들에게 유용한 사이트인가요?

A. 미리캔버스는 일반인도 디자이너처럼 멋진 디자인을 할 수 있게 만들어 주는 사이트 입니다. 살다 보면 '디자인 좀 배워 둘걸…' 하는 생각이 들 때가 있어요. SNS에 글을 올릴 때나 지인들에게 인사말을 보내야 할 때도 그렇고요. 미리캔버스는 이럴 때 아 주 유용하게 사용할 수 있습니다. 미리캔버스 사이트에서 직접 만든 디자인을 바로 인쇄까지 할 수 있어서 매우 편리해요.

Q2. 미리캔버스 사용법에 관한 책을 쓰게 된 계기는 무엇인가요?

A. 현장에서 수강생분을 만나 보면 누구나 쉽게 사용할 수 있는 사이트인데도 불구하고 여러 가지 기능들을 잘 활용 못 하시는 분들이 많더라고요. 한 번 교육을 받는다고 모든 기능이 외워지는 게 아니기 때문에 헷갈릴 때 두고두고 볼 수 있는 상비약 같은 책을 써 달라는 요청을 많이 받았습니다. 그런 응원에 힘입어 이 책을 집필을 하게 되었죠.

Q3. 타 디자인 플랫폼 사이트와 비교했을 때, 미리캔버스만이 가진 차별점은 뭘까요?

A. 미리캔버스의 가장 큰 차별점은 전문디자이너분들이 현재 트렌드와 이슈를 반영한 새로운 디자인 템플릿을 주기적으로 업데이트해 준다는 점이에요. 아참, 개발자분들과의 원활한 소통도 미리캔버스의 큰 장점 같아요. 다른 디자인 플랫폼 사이트에서는 이런 부분들로 불편을 겪었던 기억이 있거든요. 미리캔버스는 개발자나 관계자들이 항상 이용자들의 의견에 귀 기울이고 있구나 하는 느낌이 드는 사이트예요. 물론 무료라는 점도 빼놓을 수 없지요.

Q4. 위의 질문과 연결되는 내용입니다. 미리캔버스는 2021년 5월 기준 누적 가입자 수가 250만 명을 돌파했는데요. 이는 월평균 약 20만 명 회원가입이라는 놀라운 기록입니다. 이러한 결과가 가능할 수 있었던 이유가 있다면 무엇일까요?

A. 제가 강의하면서 많이 소개해서 그런 거 아닐까요? 농담입니다.^^ 이렇게 초고속으로 가입자가 늘어날 수 있었던 이유는 기본적으로 미리캔버스에서 제공하는 서비스가 매우 유용하기 때문이라고 생각해요. 그래서 자연스럽게 사용자들 간에 입소문이 난 거고요. 미리캔버스는 사용자들과의 소통을 굉장히 중요하게 생각합니다. 단순히 마케팅을 하기보다는 사용자들의 의견에 귀 기울이고 빠르게 피드백을 주시거나 실제 서비스에 반영해 주셔서 충성고객들이 많이 생긴 것 같아요.

Q5. 온라인 매장의 매출이 오프라인 매장의 매출을 앞지르는 시대가 되었습니다. 그만큼 디자인을 통한 브랜딩이 중요해졌는데요. 이런 시기에 미리캔버스는 이용자들에게 어떤 역할을 할 수 있을까요?

A. 저 역시 소상공인의 한 명이자, 많은 소상공인분을 대상으로 SNS 마케팅 강의를 한 강사로서 미리캔버스의 도움을 많이 받았어요. 실제로 강의를 듣고 미리캔버스를 이

용하신 분들 중에 개인이나 기업의 브랜딩 효과는 물론 매출 증대 효과를 보신 사례도 많아요. 마케팅 비용을 한정적으로 쓸 수밖에 없는 개인에게는 적은 비용으로 고효율을 낼 수 있는 미리캔버스가 최상의 디자인 플랫폼이라고 생각합니다. 요약하자면 미리캔버스는 예비창업자나, 소상공인분들. 직장인분들 같은 이용자들의 든든한 조력자인 셈이죠.

Q6. 디자인 초보자가 미리캔버스를 200% 활용할 수 있는 팁이 있다면 무엇일까요?

A. 일단 초보자라면 자신감을 가지고 다양한 시도를 하며 절대량을 쌓아 가야 합니다. 디자인 내공을 쌓는 거죠. 이때 기존의 템플릿을 잘 고르는 것이 실패하지 않는 콘텐츠를 제작하는 팁이라고 생각합니다. 처음에는 템플릿의 글자만 바꾸어 보고 사용법이 손에 익기 시작하면 색감이나 글씨체도 바꿔 보면서 점점 '나의 디자인 영역'을 확대해 가는 거죠. 이렇게 발전하다 보면 나중에는 하얀 캔버스 위에 자신만의 템플릿을 만들 수 있을 거예요.

Q7. 미리캔버스와 작가님이 나아갈 방향이나 목표에 관해 말씀해 주세요.

A. 미리캔버스는 사용자 경험을 통해 서비스를 개선해 나가며 더 많은 사용자가 쉽고 편리하게 사용할 수 있는 디자인 플랫폼이 되어 나중에는 '포토샵, 파워포인트' 같은 하나의 툴로 자리 잡는 것을 목표로 한다고 알고 있습니다. 저는 미리캔버스의 대표 강사로서 현장에서 디자인을 어려워하는 많은 수강생분들이 적어도 자신을 브랜딩할 수 있을 정도의 자신감은 가질 수 있도록 열심히 강의하며 '미리캔버스' 알리는 마이크의 역할을 하고 싶습니다. 그래서 해외로 뻗어 나가면 더 좋겠습니다! 이 책도요 :)

내 '생각대로' 디자인할 수 있다!

흔히 '기획'이라고 하면 박람회나 전시회 혹은 대규모 행사를 맡는 일처럼 큰 프로젝트를 떠올립니다. 하지만 사실 우리는 모두 기획의 영역에서 살고 있습니다. 오늘 먹을 점심 메뉴를 정하는 과정도, 친구나 가족의 생일이 다가와 어떤 선물을 해 주면 좋을지 고민하는 과정도 기획이라고 할 수 있습니다.

SNS 활용 능력이 중요해지고 SNS가 마케팅 도구로까지 사용되기 시작하면서 누구나 자신의 제품이나 서비스를 직접 홍보할 수 있는 세상이 되었습니다. 제가 SNS 마케팅, 브랜딩 강사로 활동하기 시작했을 때, SNS 콘텐츠의 공급은 폭발적으로 늘어나는 추세였습니다. 저는 물론이고 제 강의의 주요 수강생분들이었던 예비창업자분들, 소상공인 대표님들, 직장인분들도 어떻게 이목을 끄는 콘텐츠를 만들어 낼지 매일 고민했습니다.

답은 '차별화된 콘텐츠 기획'과 '감각적인 디자인'에 있었습니다. 그런데 문제는 '가독성이 높고 감각적인 디자인'이 뭔지는 알 것 같은데 막상 구현하려니 마음처럼 되지가 않는다는 것입니다. 디자이너를 고용하자니 비용이 부담되고요.

그때 알게 된 사이트가 바로 전문디자이너들이 직접 제작한 템플릿을 무료로 제공하는 디자인 플랫폼인 '미리캔버스'였습니다.

미리캔버스는 저작권 걱정 없이 수만 종의 디자인 템플릿을 무료로 사용할 수 있는 사이트입니다. 전문디자이너들이 만들어 놓은 '템플릿'을 조금 변형해서 콘텐츠를 제작할 수 있고 다양한 요소들을 활용해 원하는 디자인을 만들 수도 있기에 디자인 초보자분들은 물론 현직 디자이너분들께도 유용한 사이트입니다.

미리캔버스에서 제작해 업로드한 콘텐츠를 향한 고객분들의 반응은 단연 긍정적이었습니다. 제 강의를 들으셨던 대표님들의 매출도 오르는 것을 확인할 수 있었어요. 이렇게 좋은 사이트를 알리지 않을 수 없겠다며 미리캔버스 강의를 시작했었는데 이제는 미리캔버스의 대표강사가 되어 더 많은 수강생분을 만나고 있습니다.

이 책은 단순히 미리캔버스의 사용법만을 기술한 책이 아닙니다. 저의 오랜 SNS 마케팅, 브랜딩 부문 강의 경력에 기반해 카드뉴스, 썸네일, 상세페이지 등 다양한 콘텐츠를 기획하는 방법까지 셀프마케팅의 기초부터 실전까지의 과정을 총망라했습니다. 이 책을 읽는 독자분들은 자신의 일상을 기획자의 시선에서 바라보고, 생각한 대로 디자인할 수 있게 되리라 생각합니다. 감사합니다.

전경옥

저희 전경옥 대표강사님께서 이번에 출간하신 『미리캔버스』는 국내 1위 디자인 플랫폼으로 자리 잡은 미리캔버스 사이트의 사용법이 아주 쉽고 상세하게 정리되어 있습니다. 미리캔버스를 처음 이용하시는 사용자분들께 이 책이 좋은 가이드 역할을 해 주리라 생각합니다.

미리캔버스는 세상 모든 사람이 높은 품질의 디자인을 쉽게 할 수 있도록 도와드리는 사이트입니다. '포토샵'을 넘어서는 더 쉽고 편리한 소프트웨어를 만들기 위해 많은 개발자분과 디자이너분들이 노력하고 있습니다. 이런 마음이 닿은 것인지 감사하게도 많은 분이 미리캔버스를 사랑해 주셔서 현재 250만 명 이상의 이용자를 보유하게 되었습니다. 미리캔버스는 늘 처음 마음 그대로 이용자분들의 목소리에 귀 기울이겠습니다. 사이트를 사용하시면서 불편함을 겪으셨거나, 건의사항이 생기신다면 언제든 말씀해 주세요.

이 책을 통해 미리캔버스의 이용자분들이 더 많은 성과를 내시길 응원하겠습니다.
감사합니다.

미리캔버스 대표 강창석

| 차 례 |

CHAPTER 1 미리캔버스를 소개합니다

CHAPTER
6

이제는 실전이다!
콘텐츠 제작

미리캔버스를 소개합니다!

선택이 아닌 필수,
디자인 도구를 장착해 보세요.

살면서 '디자인 좀 배워 둘걸' 하고 생각했던 순간이 많습니다.
예비 창업자나 소상공인분들이라면 더더욱이요.
하지만 이제 걱정 끝! 미리캔버스와 함께라면 누구나 쉽고 빠르게 감각적인 디자인을 할 수 있습니다.

내용은 좋은데 디자인 감각이 부족할 때! 예쁜 이미지를 사용하고 싶은데 저작권이 걱정될 때!
미리캔버스가 속 시원하게 고민을 해결해드립니다!

'매장이 없는 매장' 혹은 요즘 많은 사람들이 관심 가지고 있는 '세포마켓'에 관해 들어 보신 적이 있나요? 인스타그램이나 유튜브 채널과 같은 SNS를 통해 이뤄지는 1인 판매 플랫폼부터 네이버 스마트스토어, 자사몰까지. e커머스 시장의 규모는 점점 더 커지고 있습니다.

온라인 마켓의 큰 장점 중 하나는 비싼 임대료와 인테리어 비용 없이도 누구나 매장을 오픈할 수 있다는 것입니다. 요즘은 오프라인 매장을 온라인으로 전환하거나, 확장하는 경우도 많습니다. 오프라인 기반의 대표 업종인 카페나 식당도 배달의 민족이나 쿠팡이츠와 같은 온라인 플랫폼을 통해 방문 매출보다 더 높은 매출을 만들어 냅니다. 이러한 변화는 앞으로 더욱 가속화되리라 생각합니다.

코로나19 사태를 겪으면서 온라인 시대가 5년은 앞당겨졌다고 합니다. 너무도 빠르게 변하는 세상에서, 매일 새로운 환경에 '적응'을 요구받는 지금. 온라인에 관한 이해는 누구에게나 필수를 넘어 생존의 조건이 되고 있습니다.

변화에 적응하려면 '기본기'를 갖추는 데 노력을 기울여야 합니다. '기본기'란 무엇일까요? 바로 SNS를 활용하여 콘텐츠를 업로드하고 이를 향한 고객의 반응을 살펴 상품이나 서비스의 마케팅 방향성을 결정해 나가는 능력입니다. 우선 기본기를 갖추었으면 나아가 고객들과 긴밀하게 소통하며 그들의 요구를 정확하게 파악하는 수준까지 도달해야 합니다. 예를 들면 인스타그램이나 블로그에 제품을 사용한 후기를 업로드한 고객들과 댓글을 주고받으며 필요에 따라 제품을 개선해 나가는 과정도 이에 해당됩니다.

이때 가장 먼저 해야 할 일은 반응을 일으킬 수 있는 콘텐츠를 만드는 것입니다. 반응이 있어야 그를 통해 수정, 보완하며 마케팅 방향성을 결정할 수 있기 때문이죠. 그럼 어떻게 소비자들의 반응을 불러일으킬 만한 콘텐츠를 만들 수 있을까요? 바로 '시각과 정보를 합친 콘텐츠'를 제작하는 겁니다.

난민이나 기후 문제의 심각성을 전달할 때, 장문의 기사나 칼럼보다 오히려 사진 한 장이 더 강한 전달력을 갖기도 합니다. 인간이 오감을 통해 정보를 수집할 때, 시각 정보의 영향이 가장 크기 때문입니다. 사진이나 영상 같은 이미지 콘텐츠들의 소비가 높은 이유도 이러한 맥락이지요. 반면 신문이나 책과 같은 텍스트 미디어는 이전보다 매력을 잃게 되었습니다. 이런 변화에서 가장 큰 위기를 맞이한 곳 중 하나가 신문사였습니다. 종이 신문 구독자가 급격하게 줄어들면서 폐간 위기에 놓인 곳들도 생겼습니다.

그러나 VOX라는 신문사는 이런 위기를 기회로 바꿨습니다. 2014년 VOX는 변화하는 트렌드에 맞춰 이미지에 글의 내용을 압축하여 시각적으로 핵심을 전달하는 형태의 콘텐츠를 만들어 온라인 신문사의 구독률을 높였습니다. 이 콘텐츠는 세계적으로 인기를 끌게 되었고 국내에서는 페이스북상의 바이럴 마케팅 콘텐츠로 사용되었습니다. 이 것이 바로 당시에는 매우 도전적인 시도였지만, 지금은 SNS에서 쉽게 볼 수 있는 친숙한 콘텐츠 형태로 자리 잡은 '카드뉴스'입니다.

서론, 본론, 결론을 잘 나눠 가능하면 길게 쓴 글로 설득했던 과거의 형식과 반대로 카드뉴스는 단시간에 핵심만 전달해야 하기에 기획하는 편집 능력이 요구됩니다.

카드뉴스는 이제 선택이 아닌 필수 마케팅 테크닉 중 하나입니다. 플랫폼이 페이스북에서 인스타그램으로 이동하였지만, 여전히 카드뉴스 형식은 인기가 많습니다. 인스타그램에서 또 다른 플랫폼으로 이동하더라도 카드뉴스 형식은 계속 유지되며 사용될 것입니다. 시각(이미지)과 텍스트(정보)가 결합된 형식은 가장 빠르고 강력하게 메시지를 전달할 수 있기 때문입니다.

콘텐츠는 내용도 중요하지만, 무엇보다 먼저 사람들의 시선을 사로잡아야 합니다. 그렇기 때문에 시대에 따라 변화하는 디자인 트렌드를 반영해야 하지요. 예를 들면 '복고를 새롭게 즐기는 경향'을 뜻하는 뉴트로(New+Retro)는 지금도 젊은 층에게 사랑받는 컨셉입니다. 이런 요구에 따라 기업에서도 과자, 주스부터 비누, 치약까지 80년대에 유행했던 그때의 감성을 담은 패키지를 선보이고 있고 이는 매출 증대로 이어지고 있습니다.

콘텐츠를 만들 때, 요즘 유행하는 디자인 트렌드를 파악하고 있다면 많은 사람들의 공감을 얻는 콘텐츠를 만들 수 있는데요. 방향만큼 속도도 중요한 지금, 트렌드에 맞는 디자인을 하면서 시간까지 아낄 수 있는 툴을 다음 장에서 소개해드릴게요.

21세기는 트렌드에 알맞은 정보운영 능력이 필수입니다. SNS를 통해 일상에서 브랜드를 알리고 빠르게 브랜딩 효과를 보고 싶으신 분들은 강력한 디자인 도구를 꼭 장착해보시길 바랍니다.

디자인은 저희가 할게요.
미리캔버스를 소개합니다.

디자인 고민엔 미리캔버스!
전문 디자이너들이 제작한 수만 종의 템플릿을 무료로 사용할 수 있는 국내 1위 디자인 플랫폼 미리캔버스를
소개합니다.

짜잔! 여러분의 디자인을 도와드릴 어벤져스 같은 툴은 바로 '미리캔버스'입니다. 혹시
들어 보셨나요? 미리캔버스는 쉽게 말씀드리면 디자인 감각이나 마케팅 능력이 없는 사람들
도 트렌드가 반영된 디자인 템플릿을 통해 원하는 콘텐츠를 제작할 수 있도록 도와주는 디
자인 플랫폼인데요. 비싼 비용을 내 프로그램을 구입하고, 복잡한 사용법을 배우지 않아도
미리캔버스에서 요즘 트렌드에 맞는 디자인을 쉽고 빠르게 만드실 수 있습니다.

미리캔버스 메인화면

미리캔버스는 어떤 분들에게 도움이 될까요? 미리캔버스는 다음에 해당하시는 분들에게 사용을 권장하고 있습니다.

① 디자인 의뢰가 필요한데 어디서부터 시작할지 막막했던 분, ② 디자인 의뢰 비용이 높아서 고민이셨던 분, ③ 이미지 소스를 다운받아 직접 디자인하면서 많은 시간을 보내는 디자이너, ④ 핵심 내용을 간단명료하게 표현한 시각적인 콘텐츠를 지속적으로 제작해야 하는 유튜버, 블로거, SNS 유저 등, ⑤ 디자인을 직·간접적으로 다루고 있는 대학생, 프리랜서, 마케터. 하지만 미리캔버스는 이 외에도 디자인이 필요한 분들이라면 누구에게나 유용한 사이트입니다.

저도 디자인에 대한 고민이 많았습니다. SNS 브랜딩과 마케팅에 관해 강의하면서 '어떻게 하면 수강생분들이 더 즐겁게 계정을 운영할 수 있을까?' 하는 고민을 늘 숙제처럼 가지고 있었어요. 그러다 우연한 기회로 미리캔버스 사이트를 알게 되었습니다. 디자인이라는 전문적 영역의 진입장벽을 낮춰 주고 디자인의 즐거움을 알 수 있게 해 주는 멘토 같은 사이트였지요.

혹시 '나는 디자인을 잘 못하는데… 괜찮을까?' 고민하셨다면 이제 그런 걱정은 접으셔도 됩니다. 미리캔버스는 사용법이 전혀 복잡하지 않아 쉽게 예쁜 디자인을 할 수 있다는 장점이 있습니다. 카드뉴스, 유튜브 썸네일과 같은 웹 콘텐츠부터 현수막, 브로슈어와 같은 인쇄용 콘텐츠까지 전문 디자이너분들이 만들어 놓은 다양한 '템플릿'을 통해

PC, 태블릿, 모바일에서 모두 사용 가능!

얼마든지 디자인 도움을 받으실 수 있습니다. 때문에 우리는 '어떻게 읽는 사람의 마음을 얻을 수 있을까?'와 같은 질문으로 기획에 더욱 집중할 수 있습니다. 만들어진 템플릿을 수정하는 방법 외에도 사진, 일러스트, 도형, 선, 프레임 등 다양한 요소들을 활용해 템플릿을 직접 만들 수도 있습니다.

미리캔버스의 또 다른 장점은 프로그램 다운로드 없이 사이트 내에서 모든 작업이 가능하다는 점입니다. PC뿐만 아니라 태블릿, 모바일 모두 지원하기 때문에 본인에게 가장 편리한 기기로 서비스를 이용하실 수 있습니다. 미리캔버스로 완성된 작업물은 워터마크 없이 다양한 형태로 다운로드할 수 있으며, 필요에 따라 내가 만든 디자인을 다른 사람이 수정할 수 있도록 링크를 공유할 수도 있습니다.

가장 큰 장점은 이 모든 게 '무료!'라는 건데요. 무료로 워터마크 없이 높은 퀄리티의 콘텐츠를 디자인할 수 있는 미리캔버스. 지금부터 저와 함께 하나씩 살펴보도록 하겠습니다.

03

저작권?!
똑똑하게 알고 사용해요.

현장에서 많이 받는 질문 TOP 3 안에 드는 저작권, 미리캔버스의 저작권 정책 관련 내용을 준비했습니다.
꼼꼼히 살펴볼게요!

사진, 음악 등을 활용할 때, 가장 염려되는 부분 중 하나가 '저작권'일 텐데요. 미리캔버스 강의를 하면서 가장 많이 받는 질문도 '저작권 걱정 없이 써도 되나요?'였습니다. 대부분의 저작권 관련 문제에 대해서는 걱정하지 않으셔도 되지만, 혹시 모를 부분에 대비해 미리캔버스의 저작권 정책을 안내해드리겠습니다.

제 1조 용어의 정의

1. 디자인 요소: 사진, 이미지, 아이콘, 선, 도형, 일러스트, 비트맵, 텍스트

2. 템플릿: 복수의 디자인 요소로 구성된 디자인틀(소셜미디어 콘텐츠, 프레젠테이션, 배너, 포스터, 카드뉴스 등의 사용목적으로 제작됨)

3. 사용자 디자인: 미리캔버스가 제공하는 편집기, 디자인 요소를 이용하여 사용자가 직접 만든 디자인 결과물

4. 편집기: 디자인 및 문서를 만들고 편집하는 소프트웨어

제 2조 미리캔버스에서 제공하는 디자인 요소의 저작권과 사용허가

1. 미리캔버스 편집기에서 제공되는 모든 템플릿과 디자인 요소는 미리캔버스에서 저작권을 소유하고 있거나, 제휴사로부터 미리캔버스 편집기에서 사용이 가능토록 허가를 받아 제공하고 있습니다.

2. 사용자는 미리캔버스 편집기에서 제공되는 템플릿과 디자인 요소를 활용하여 자유로이 편집할 수가 있습니다.

3. 각각의 디자인 요소에 대한 저작권은 미리캔버스 혹은 미리캔버스의 제휴사가 가지고 있으므로, 저작권사의 권리를 보호하기 위해 단일 디자인 요소를 개별적으로 캡쳐 혹은 다른 이름으로 저장 등을 통하여 복제하거나, 이를 수정하여 사용할 수 없습니다.

4. 미리캔버스에서 제공하는 템플릿을 복제 및 수정하여 이를 편집 가능한 템플릿 형태로 재판매하거나 무료로 배포하는 행위를 금합니다.

5. 미리캔버스에서 다운로드한 파일에 포함된 디자인 요소와 그 일부를 캡쳐, 복제, 수정하여 다른 디자인 작업 또는 문서 작업에 사용할 수 없습니다.

   예시) 미리캔버스에서 ppt 파일형식으로 다운로드한 파일을 파워포인트 프로그램에서 연 후, 문서 안에 포함된 아이콘 등을 복제하여 다른 문서를 만드는 데 사용할 수 없음.

6. 인물 사진은 사회미풍양속을 저해하거나 모델의 명예나 품위, 인격권을 훼손하는 용도로 사용하는 것을 금합니다. 또한 특정 제품을 모델이 보증하는 형식의 과대광고 등에 사용하거나, 모델의 신체 및 얼굴 등과 제삼자의 사진 또는 이미지를 합성하여 재가공하는 행위 등을 금합니다.

사용불가 예시

1) 성형, 미용, 남성/여성질환 시술 및 특이질병, 장애 관련(제품 및 서비스, 치료의 홍보, 증상 안내 포함)
   * 위 용도로 인물 사진 사용을 원하실 경우 반드시 미리캔버스 고객센터(miricanvas@miricanvas.com) 문의하셔서 사용 가능 여부를 확인해 주시기 바랍니다.

2) 수술 또는 시술 Before & After

3) 사회미풍양속을 저해하는 용도와 성인제품 및 서비스의 홍보 등(성인오락실, 성인대화방, 전화방, 음란물, 성인 관련 사이트 및 인쇄물, 유흥업소 및 숙박업소, DVD방, 즉석만남, 미팅알선, 기타 풍속업, 고리대금업, 운세상담, 사주풀이)

4) 모델이 제품을 보증하는 형식의 광고(상품 후기, 서비스 체험), 모델의 허위정보(직업, 가명, 개인정보 등)를 기재한 광고, 기사, 전속모델로 사용

7. 일부 디자인 요소는 미리캔버스의 저작권 정책과 더불어 저작권사에서 별도로 제시한 제약사항을 준수해야 합니다. 이를 위배하여 원저작권자에게 피해가 발생 시 그에 대한 책임은 사용자에게 있습니다. 픽사베이 제약사항은 픽사베이 웹사이트 (https://pixabay.com/ko/service/faq/)에서 확인해 주시기 바랍니다.

8. 디자인 요소의 사용 범위는 임의로 고지 없이 변경될 수 있으며, 다운로드 시점의 라이선스 규정에 따릅니다.

제 3조 사용자 디자인의 사용

1. 미리캔버스 편집기에서 제공되는 템플릿과 디자인 요소로 만든 사용자 디자인은 상업적 혹은 비상업적 용도로 사용하실 수 있습니다. 인터넷 게시와 전자우편 및

기타의 방법으로 전송, 인쇄가 자유로이 가능합니다.

단, 사용자가 미리캔버스 편집기에 직접 업로드한 디자인 요소에 대해서는 사용자가 직접 사용허가 범위를 확인해야 합니다. 사용자가 업로드한 디자인 요소에 대한 저작권, 초상권, 퍼블리시티권 관련 책임은 사용자에게 있습니다.

2. 사용자는 미리캔버스에서 제공하는 템플릿 및 디자인 요소를 이용하고 이에 창작성을 가미하여 만든 "사용자 디자인"을 판매할 수 있습니다.

단, 이를 편집이 가능한 템플릿 형태로 배포 또는 판매하거나, 미리캔버스 편집기 이외의 다른 편집기로 재편집한 사용자 디자인을 판매하는 것을 금합니다. 또한 아무런 창작성이 가미되지 않은 복제물은 판매할 수 없습니다.

예시) 디자인 외주 요청을 받은 디자이너가 미리캔버스에서 제공하는 템플릿을 그대로 사용하여 고객에게 납품하는 것은 불가

제 4조 사용자 디자인의 사용 제한

1. 사용자는 미리캔버스에서 제공하는 '디자인 요소'가 포함된 사용자 디자인을 가지고 지식재산권(저작권, 상표권, 디자인권, 특허권)의 권리 등록하거나 주장할 수 없습니다. 지식재산권을 주장할 수 없음에 따라, 사용자 디자인을 사용하는 데 아래와 같은 제약 사항이 있습니다.

1) 사용자는 미리캔버스로 만든 로고를 상표권 등록에 사용할 수 없습니다.

2) 사용자는 미리캔버스에서 만든 사용자 디자인을 출품조건에 저작권의 귀속을 요구하는 공모전에 출품할 수 없습니다.

3) 미리캔버스에서 만든 사용자 디자인에 대해서 사용자가 배타적 권리(지식재산권)를 주장할 수 없습니다.

2. 타인을 비방하는 용도 또는 기타 어떠한 비합법적인 용도로는 사용할 수 없습니다.

제 5조 미리캔버스 편집기의 저작권과 사용허가

1. 미리캔버스 편집기에 대한 저작권은 미리캔버스에 있습니다. 사용자는 미리캔버스 웹사이트(https://www.miricanvas.com/)에서 미리캔버스 편집기를 사용할 수 있습니다.

2. 사용자는 회사의 허락 없이 미리캔버스의 편집기를 다른 서버에 미러링하거나, 회사의 허락 없이 미리캔버스 편집기를 이용하여 상업적인 활동을 할 수 없습니다. 또한 미리캔버스 웹사이트 혹은 '편집기'를 역 어셈블리, 역 엔지니어링, 디컴파일 등의 행위를 할 수 없습니다.

제 6조 회사의 면책

1. 사용자가 미리캔버스에 업로드한 디자인 요소의 일부 혹은 전부가 타인의 권리를 침해한 경우의 책임은 회사에 있지 않고, 이를 업로드한 사용자에게 있습니다.

2. 회사는 미리캔버스 내의 모든 콘텐츠의 내용에 대해서는 보증하지 않으며, 사용자

가 이를 이용함으로써 발생하는 문제와 사용자 콘텐츠에 담긴 내용으로 인해 발생하는 모든 책임은 회사에 있지 않고, 모든 콘텐츠에 대한 책임은 해당 콘텐츠를 게시한 사용자가 전적으로 부담합니다.

3. 회사는 사용자 상호 간 및 사용자와 제삼자 상호 간에 서비스를 매개로 발생한 분쟁에 대해 개입할 의무가 없으며 이에 따른 손해를 배상할 책임도 없습니다.

4. 사용자는 회사와 사전협의 없이 "저작권(라이선스) 정책"을 벗어나는 용도로 사용할 경우, 다운로드한 사용자 디자인에 대하여 저작권 보호를 받을 수 없으며, 적발 시 형사처벌이나 손해 배상의 의무를 지게 됩니다.

5. 다른 편집기에서 재편집한 사용자 디자인이나, 계정 분실 및 탈퇴, 디자인 문서 삭제로 인해 미리캔버스에서 만든 것임을 증명할 수 없는 사용자 디자인에 대하여 사용자는 저작권 보호를 받을 수가 없으며, 그로 인해 발생하는 모든 책임은 사용자에게 있습니다.

6. 저작권 및 제삼자의 권리침해 등 디자인 요소에 문제가 발생할 경우 회사는 이를 공지함(사이트 공지 또는 e-mail 공지)으로써 회원들에 대한 고지의무를 다한 것으로 합니다. 회원은 즉시 공지된 해당 디자인 요소의 사용을 중지하여야 하며, 이전에 제작된 제작물에도 소급하여 해당 콘텐츠를 수정 또는 삭제조치를 하여야 합니다. 공지된 이후에도 해당 디자인 요소를 계속 사용하여 문제가 발생할 경우에는 회사는 책임을 지지 않습니다.

이상 미리캔버스 저작권 정책을 공유해드렸습니다.

크게 문제 될 것은 없으나, 2차 가공, 상업적 용도로 이미지 사용, 상표권 등록 제재에 관련된 내용은 살펴보시는 편이 좋겠습니다. 기타 사용하실 때, 염려되는 부분은 미리캔버스 고객센터로 문의 주시면 도움을 받으실 수 있습니다.

04

미리캔버스
5초 회원가입

미리캔버스 회원가입을 하시면 다운로드를 받으실 수 있고, 만든 디자인을 관리할 수 있어요.
5초면 되니 빠르게 가입해 볼까요?

미리캔버스에 접속하실 때는 '크롬' 브라우저에서 접속하셔야 원활한 사용이 가능합니다. 크롬 설치가 안 되어 있으신 분들은 미리 설치를 하고, 이용하세요.

회원가입을 하지 않고도 미리캔버스를 이용하실 수 있지만, 만든 콘텐츠를 다운로드하거나, 템플릿을 미리캔버스 내에 저장하기 위해서는 회원가입이 필수입니다. 미리캔버스는 5초면 회원가입을 할 수 있다고 하니 회원가입 후 좀 더 많은 기능을 사용해 보시면 어떨까요? 그럼 지금부터 함께 회원가입을 해 보도록 하겠습니다.

로그인하기   5초 회원가입

미리캔버스 메인화면 우측 상단 로그인하기 옆 [5초 회원가입]을 클릭합니다.

회원가입 방법 ① 이름, 이메일, 비밀번호를 입력합니다. 개인정보 취급에 동의를 하고 마지막으로 무료 회원가입을 누릅니다. 가입한 메일로 가서 인증하시면 회원가입 끝!

회원가입 방법 ② 구글, 페이스북, 네이버, 카카오톡 SNS 계정을 연동하는 방식으로 가입할 수 있습니다. 계정을 연동할 경우에는 별도의 인증절차 없이 바로 로그인하실 수 있습니다.

miri canvas

회원가입 ①

이름

이메일

비밀번호

☐ 미리캔버스 이용 약관 및 개인정보 취급방침에 대한
내용을 모두 확인하였으며, 이에 동의합니다.

무료 회원가입

소셜 계정으로 간편하게 가입하세요! ②

G f N 💬

이미 회원이신가요? 로그인 하기

편리하게 로그인하세요

계속 이용하는 기기라면, 로그인 상태를 유지해보세요!
다음 접속부터는 로그인할 필요가 없어요.

로그인 유지 안함   로그인 유지하기

로그인창이 뜨면 PC방 또는 공용 컴퓨터는 개인정보 보호를 위해 [로그인 유지 안함]을 클릭합니다. 개인 컴퓨터는 [로그인 유지하기]를 선택하면 편리합니다.

05

상단 메뉴
살펴보기

미리캔버스 첫 화면의 상단 메뉴를 살펴보겠습니다.
각 메뉴를 이해하면 좀 더 작업을 빠르게 진행할 수 있고, 적합한 도움을 받을 수 있어요.

1. 템플릿

miri canvas   교육용   엔터프라이즈   인쇄제작   헬프센터

　미리캔버스는 저작권을 걱정하지 않아도 되는 수만 가지 디자인 템플릿, 즉 디자인 틀

을 무료로 제공하고 있습니다. 템플릿은 콘텐츠를 만들 때, 안내 역할을 하는 꼴, 혹은 모형

이라고 하는데요. 내용을 수정해 바로 사용할 수 있도록 디자인을 완성해 놓은 것이라고

생각하시면 되겠습니다.

템플릿 예시 - PPT

[템플릿] 메뉴를 클릭하면 콘텐츠별로 다양한 디자인이 나열되어 있어 직관적으로 찾아 쓸 수 있습니다. 템플릿만 잘 골라도 높은 퀄리티의 콘텐츠를 빠르게 만들 수 있어요.

템플릿 예시 – 유튜브 썸네일

템플릿은 하나의 디자인 예시로 제공하는 것이기 때문에 요소와 텍스트는 얼마든지 바꿀 수 있습니다. 사용법이 익숙해지면 미리캔버스에 있는 재료들을 활용해 빈 작업 슬라이드에 나만의 개성 있는 디자인을 만들어 보시길 추천드립니다.

템플릿 검색 기능

검색창에 원하는 키워드를 입력하면, 관련 주제에 적합한 템플릿을 보여 줍니다. 모든 템플릿이 검색되니 만들고자 하는 콘텐츠를 입력한 후 작업하세요. (ex. 카드뉴스 선택)

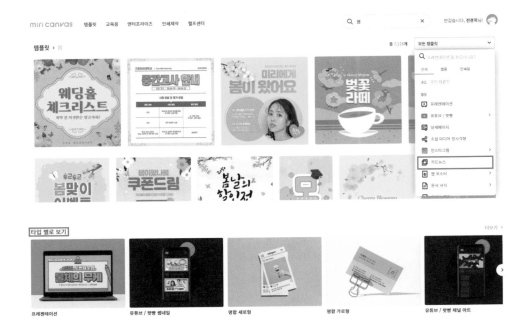

타입별로 보기

유튜브 썸네일, 프레젠테이션, 이벤트 광고 등 콘텐츠 타입별 템플릿을 보실 수 있습니다.

주제별 보기

사용자들이 많이 검색하는 주제와 관련된 템플릿을 따로 모아 두었습니다. 시기마다 조금씩 달라집니다.

작업하고 싶은 템플릿을 누르면 위와 같은 창이 뜹니다. [이 템플릿 사용하기]를 누르면 작업창으로 이동합니다.

2. 교육용

miri canvas   템플릿   교육용   엔터프라이즈   인쇄제작   헬프센터

[템플릿] 옆에는 [교육용]이라는 메뉴가 있습니다. 코로나가 장기화되면서 온라인으로 수업을 진행하는 일이 많아졌는데요. 미리캔버스는 수업자료에 대한 고충을 나누고자 따로 카테고리를 만들었습니다.

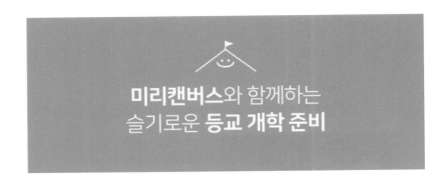

미리캔버스 교육용 카테고리란?

선생님과 학생, 모두가 즐거운 수업을 만들기 위해 미리캔버스는 수업과 과제에 필요한 거의 모든 자료를 제공하고 있습니다. 관련 템플릿 제공은 물론, 학교나 학급 단위로 단체 아이디를 발급받아 수업자료와 과제물을 공유할 수도 있습니다.

온라인 자료뿐만 아니라, 학교에 예쁘게 걸어 놓을 수 있는 현수막, 포스터 그리고 교실 환경미화에 사용할 재료, 가정통신문 등을 미리캔버스로 디자인하고 미리캔버스의 협력 업체인 비즈하우스를 통해 현수막, 리플릿 등 다양한 콘텐츠를 소량부터 출력하고 인쇄할 수 있습니다.

수업 프레젠테이션

모바일 안내문

온라인 수업 영상 썸네일

예방수칙 카드뉴스

학급 포스터

시간표/계획표

본 페이지에는 학교 사용자를 위한 저작권 안내, 다른 툴과 미리캔버스를 함께 사용할 수 있는 방법 안내 등 수업을 풍성하게 진행하는 데 도움이 되는 다양한 미리캔버스 활용 방법이 소개되어 있습니다.

3. 인쇄제작

miri canvas   템플릿   교육용   엔터프라이즈   인쇄제작   헬프센터

명함이나 현수막 인쇄가 필요한데 출력을 어떻게 할지 고민하신 적 있으실 거예요. 미리캔버스에서는 인쇄출력 전문사이트 비즈하우스를 통해 내가 만든 명함이나 포스터를 인쇄제작 할 수 있습니다.

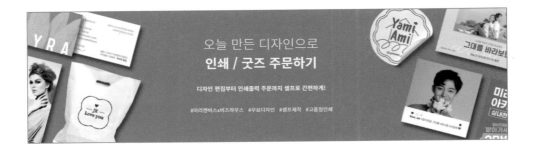

상세한 가이드라인을 통해 처음 인쇄하는 분들도 쉽게 따라 할 수 있어요.

글로도 자세히 나와 있지만, 조금 더 친절한 안내를 위해 영상으로도 제작되어 있으니 인쇄물 제작에 관심 있으신 분들은 시청해 보시길 추천드립니다.

간혹 미리캔버스에서 만든 디자인을 출력하려고 하는데 비즈하우스에서는 안 보인다고 하시는 분들이 계셔서 한 가지 주의사항을 안내해드릴게요. 미리캔버스에서 가입한 아이디 그대로 비즈하우스에서 가입해 주셔야 서로 연동되어서 인쇄가 가능하니 회원가입은 양쪽 똑같은 아이디로! 꼭 기억해 주세요. 잊어버리실 수도 있으니 뒤에서 다시 한번 말씀 드릴게요.

4. 헬프센터

[헬프센터]는 미리캔버스의 사용법, 저작권 등에 관한 내용이 소개되어 있고 사용자가 궁금한 사항이 있을 때 도움을 받을 수 있는 페이지입니다.

검색

미리캔버스에 대해 궁금한 점을 문장 또는 키워드로 검색할 수 있습니다.

안내 탭

검색창 아래는 흰색 [안내] 탭이 있습니다. 사용법, 저작권/운영정책, FAQ, 공지사항, 템플릿 안내, 이렇게 다섯 가지 카테고리로 구성되어 있으며 각각의 탭을 클릭하면 관련 내용의 정보를 보실 수 있습니다.

고객센터

　화면 우측 하단에는 [고객센터] 아이콘이 있습니다. 헬프센터에서 해결하지 못한 질문이 있을 때나 기능추가, 문제해결 등을 제안하고 싶을 때, 고객센터로 신청해 주시면 됩니다.

CHAPTER 2

미리캔버스
메뉴 활용법

01

미리클라우드,
워크스페이스

문서를 보관해 언제든 수정하여 사용할 수 있는 미리캔버스의 '클라우드', 워크스페이스입니다.

워크스페이스는 문서를 보관할 수 있는 네이버나 구글 사이트의 '클라우드' 기능과 비슷한 역할을 한다고 생각하시면 됩니다. 이전에 했던 작업을 다시 불러와 수정하여 사용하고 싶을 때나, 다음에 다시 작업하고 싶을 때를 대비해 저장해둔 템플릿과 내가 직접 업로드한 이미지, 동영상 등이 이곳에 보관됩니다.

워크스페이스는 두 가지 방법으로 이동하실 수 있는데요.

첫 번째 방법은 로그인 후 우측 상단의 사용자명을 클릭하여 [워크스페이스]를 찾는 것입니다.

두 번째는 로그인 후에 메인화면에서 [바로 시작하기] 버튼 아래에 [워크스페이스로 이동하기]를 누르는 방법입니다. 워크스페이스는 아래 화면처럼 구성되어 있는데요. 작업한 문서들은 기본적으로 [내 디자인]에 저장되어 있습니다. 좌측에는 워크스페이스에서 사용할 수 있는 메뉴가 있습니다.

1) 내 디자인 : 저장된 디자인을 모아서 볼 수 있습니다.

① 디자인 문서를 저장할 때는 반드시 제목을 지정해 주세요.

② 워크스페이스에서 검색 기능을 이용해 쉽게 문서를 찾을 수 있습니다.

디자인 문서 위에 커서를 올리면 우측 하단에 하얀색 더보기 아이콘이 있습니다. 아이콘에 마우스 커서를 올리면 초록색으로 변하는데요. 아이콘을 클릭하면 다양한 기능을 활용할 수 있습니다.

① 사본 만들기 : 똑같은 디자인을 복제합니다. 같은 디자인에서 일부만 수정해 새로운 작업물을 만들고 싶을 때 유용합니다.

② 공유하기 : 디자인을 다른 사람이 보거나 편집할 수 있도록 공유할 수 있습니다.

③ 이동 : 별도 폴더에 작업물을 이동시켜 보관할 수 있습니다.

④ 인쇄물 제작하기 : 디자인을 인쇄물로 제작할 수 있습니다.

⑤ 휴지통으로 이동 : 디자인을 삭제할 수 있습니다.

2) 내 드라이브 : 저장했던 디자인과 더불어 직접 업로드한 이미지와 동영상을 확인할 수 있는 곳으로 문서와 직접 업로드한 요소를 함께 관리할 수 있습니다.

① 요소 선택하기 : 디자인이나 요소 위에 커서를 올리면 상단에 작은 박스가 뜹니다.

② 폴더 이동하기 : 상단 박스를 체크한 후 폴더 표시를 누르면 지정된 폴더로 이동하게 됩니다.

③ 요소 삭제하기 : 상단 박스를 체크한 후 휴지통 표시를 누르면 요소가 휴지통으로 이동합니다.

[폴더] 탭을 클릭하면 새로운 폴더를 만들 수 있는데요. 사용 목적에 맞게 폴더를 구분해서 사용하면 많은 디자인 문서와 요소를 편리하게 관리할 수 있습니다.

3) 휴지통 : [내 드라이브]에서 제거했던 요소들을 복원하거나 영구삭제할 수 있습니다. 강제 지정하지 않을 경우 30일 후 영구삭제됩니다.

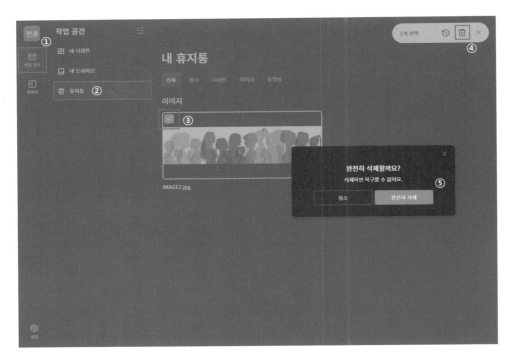

4) 템플릿 : 템플릿을 골라서 새 작업을 시작할 수 있습니다.

5) 새 문서 만들기 : 우측 상단 [새 문서 만들기]를 클릭하고 원하는 콘텐츠를 클릭하면
작업창으로 이동합니다.

6) 비즈하우스 : 작업한 문서를 인쇄출력할 수 있습니다.

20210523 카드뉴스 M대면데이트

다음은 템플릿 작업 메뉴에 대해 안내해드릴게요.

먼저, 저장된 문서에 마우스 커서를 올리면 표시와 같이 초록색 더보기 아이콘이 뜹니다. 버튼을 클릭하면 바로 적용할 수 있는 메뉴가 활성화됩니다.

2. 작업 메뉴

작업 메뉴는 다음 화면과 같습니다.

1) **새 탭에서 열기** : 파일을 작업할 수 있도록 새 탭에서 엽니다.

2) **복제하기** : 똑같은 파일을 복제합니다. 같은 디자인에서 일부만 수정해 새로운 작업물을 만들고 싶을 때 유용합니다.

3) **폴더 설정** : 별도 폴더에 작업물을 이동시켜 보관할 수 있습니다.

4) **공유하기** : 파일을 다른 사람이 보거나 편집할 수 있도록 공유할 수 있습니다.

5) **인쇄물 제작하기** : 파일을 인쇄물로 제작할 수 있습니다.

6) **휴지통에 넣기** : 파일을 삭제할 수 있습니다.

이번에는 파일을 다중으로 선택하는 기능을 알아보도록 하겠습니다.

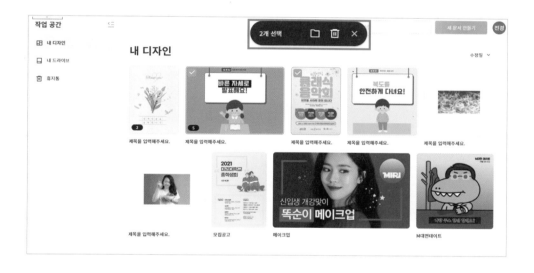

파일 위에 커서를 놓으면, 좌측 상단에 클릭할 수 있는 박스가 뜹니다.

좌측 상단의 박스를 눌러 파일을 선택하면 우측 상단에 폴더와 휴지통 아이콘이 뜹니다. 이러한 방식으로 여러 파일을 선택해 한꺼번에 폴더에 보관하거나 삭제할 수 있습니다.

02

첫 페이지 소개,
이제 디자인을 시작해 볼까요?

지금부터 디자인을 시작해 보겠습니다.
앞으로 디자인할 때 사용할 메뉴를 소개하고 있으니 천천히 잘 따라와 주세요.

저작권 걱정 없는
무료 디자인 툴
미리캔버스

PPT, 로고, 배너, 카드뉴스, 유튜브 썸네일 등
3분 만에 전문가 수준의 디자인을 만들어보세요!

바로 시작하기

워크스페이스로 이동하기

상업적으로 마음껏 이용하세요! # 워터마크 없는 진짜 무료!

이제 디자인을 시작해보겠습니다.

미리캔버스 첫 화면에서 [바로 시작하기] 버튼을 클릭하면 새 디자인을 시작할 수

있습니다.

또는 워크스페이스에서 우측 상단 [새 문서 만들기] 버튼을 클릭하면 새 디자인을 시작할 수 있어요.

디자인 작업창 소개

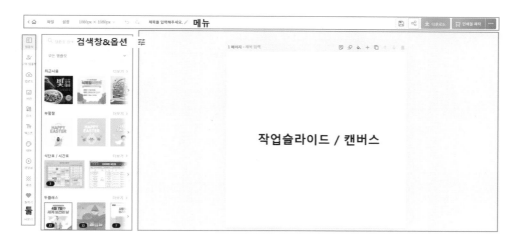

먼저 디자인 시 활용하는 네 가지 구역에 관해 알아보겠습니다. 상단 그림처럼 메뉴, 툴, 검색창&옵션, 작업 슬라이드로 나눠 봤습니다. 먼저 메뉴부터 하나씩 설명해드릴게요.

메뉴-파일

기본 작업 시 필요한 메뉴가 들어 있습니다.

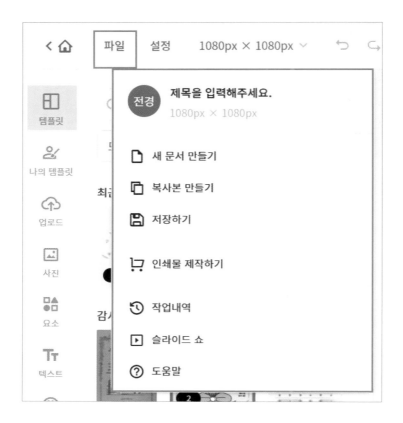

1) **제목을 입력해주세요.** : 파일 이름을 입력하는 곳입니다.

미리캔버스에 템플릿으로 저장될 때나 다운로드받을 때 파일

의 이름이 됩니다.

2) **새 문서 만들기** : 새로운 작업을 할 때 활용하는 메뉴로, [새 문서 만들기]를 누르고 만들고 싶은 콘텐츠가 무엇인지 설정하면 새 창에서 작업 슬라이드가 열립니다. 상단 화면은 [새 문서 만들기] – [카드뉴스]로 설정했습니다.

3) **복사본 만들기** : 기존 작업을 그대로 새창에 복사합니다.

4) 저장하기 : 미리캔버스 내에 현재까지의 작업 상태가 저장됩니다.

5) 인쇄물 제작하기 : 비즈하우스사이트로 이동해서 인쇄물을 제작합니다.

6) 작업 내역 : 쉽게 과거의 작업 내역을 찾아 디자인을 되돌릴 수 있는 기능입니다.

최근 버전과 비교해서 되돌릴 수도 있어요.

7) 슬라이드 쇼 : 만든 콘텐츠로 프리젠테이션을 할 때 유용한 기능입니다.

아래 설정 버튼을 누르면 애니메이션 효과, 화면전환 시간 등을 설정할

수 있습니다.

8) 도움말 : 헬프센터의 기능을 쉽게 사용할 수 있도록 만든 메뉴입니다.

공지사항을 확인할 수 있는 우편함 기능도 도움말에 포함되어 있습니다.

설정

작업 환경을 설정하는 메뉴입니다.

1) **다크모드** : 다크모드는 화면이 블랙컬러로 변하는 모드로, 눈의 피로감을 줄여 줍니다.

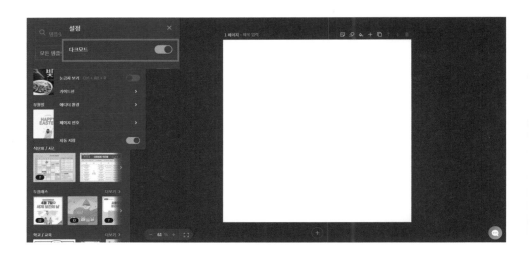

2) **레이어** : '층'이라는 뜻으로 템플릿에서 사용된 요소들의 배치 순서를 볼 수 있어요.
요소들이 겹겹이 쌓여 있어 원하는 요소를 선택하기 어려울 때, 레이어를
활용할 수 있습니다.

3) **눈금자** : 캔버스에 눈금자가 생깁니다. 정교한 작업을 할 때 유용합니다.

4) **가이드선 설정** : 가이드선은 구도를 잡을 때 유용하게 사용할 수 있습니다.

[가이드선 보기]를 활성화하면 수직, 수평선이 한 줄씩 보이는데 선을 추가할 수도 있습니다. 요소를 수평선과 수직선에 맞게 올려놓으면 가이드선의 색이 보라색으로 변합니다.

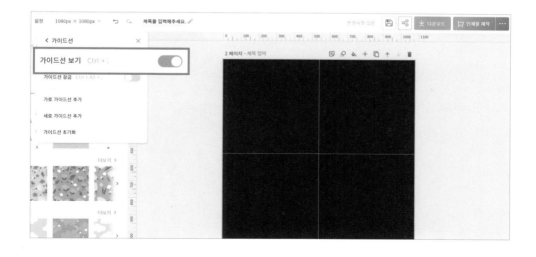

5) 에디터 환경 : 스냅 가이드, 편집영역만 보기, 요소 사이즈 입력기능을 설정할 수 있습니다. 좌측 리스트 보기 방식을 스크롤 방식 또는 페이지 방식으로 변경할 수 있습니다.

① 스냅 가이드 : 편집창에서 템플릿 이미지나 요소를 이동하면 가이드선이 생깁니다.

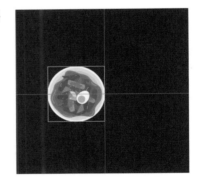

② 편집영역만 보기 : 캔버스 영역에만 요소가 표시되어, 실제 다운로드 시 표현되는 영역을 확인할 수 있습니다.

③요소 사이즈 입력 : 요소
크기를 숫자로 입력할
수 있는 창이 생깁니다.

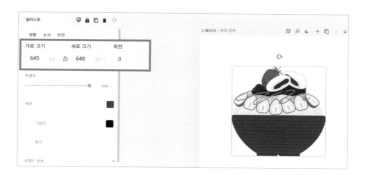

④ 좌측 리스트 방식 : 왼쪽
이미지는 스크롤 방식,
오른쪽 이미지는 페이지
방식입니다. 작업하기 편한
대로 설정해 두세요.

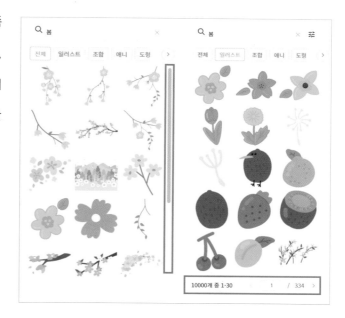

6) **페이지 번호 :** [페이지 번호 사용하기]를 활성화하면, 한글이나 워드파일처럼 페이지
번호를 넣을 수 있습니다. 우측 상단이나 하단에 번호를 넣을 수 있고,
시작 번호도 지정할 수 있습니다.

7) 자동 저장 : [자동 저장]을 선택해 놓으면 별도로 [저장] 버튼을 누르지 않아도 작업 중간중간에 자동으로 저장됩니다.

크기 설정

파란 박스로 표시된 부분을 클릭하면 캔버스의 크기를 설정할 수 있습니다.

기본 설정은 '카드뉴스' 크기로 설정이 되어 있습니다.

가로 × 세로 픽셀을 직접 입력하거나, 규격 사이즈를 선택합니다.

기타 메뉴

1) **되돌리기, 재실행** : 작업을 되돌리고 싶거나, 되돌렸던 작업을 재실행하고 싶을 때 사용하는 메뉴입니다.

2) **제목을 입력해주세요** : 파일의 제목을 입력하는 칸으로, 파일 메뉴에도 동일한 옵션이 있습니다.

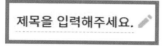

3) **저장하기** : 워크스페이스에 현재까지의 작업이 저장됩니다.

2. 작업 슬라이드

실질적인 작업을 하는 공간이 바로 작업 슬라이드 혹은 캔버스라고 부르는 곳입니다.

각 메뉴의 기능을 살펴보도록 하겠습니다.

1) **페이지 제목** : 각 페이지별로 제목을 입력할 수 있습니다.

2) **페이지 메모** : 해당 페이지에 대한 메모를 남길 수 있습니다.

페이지 복제 시 메모도 함께 복사됩니다.

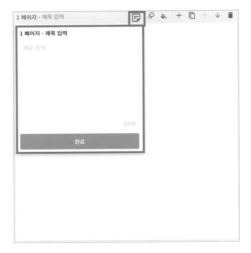

3) 애니메이션 설정 : 페이지별로 애니메이션을 설정할 수 있습니다.

애니메이션은 미리캔버스 내 [슬라이드 쇼], 혹은 다운로드에서 [동영상] 탭 GIF로 다운받을 때 적용됩니다.

4) 배경색 설정 : 단색 배경색을 설정할 때 간편하게 이용할 수 있습니다.

패턴이나 사진을 활용할 때는 배경 메뉴에서 바꾸셔야 합니다.

5) 새 페이지 추가 : 새 페이지를 추가할 때 사용하는 기능입니다.

6) 페이지 복제 : 이전 작업 내용이 똑같이 복제됩니다.

미리캔버스

7) 슬라이드 순서 : 작업 슬라이드 순서를 위아래로 옮길 수 있습니다.

8) 슬라이드 삭제 : 슬라이드를 삭제할 수 있습니다. 한 페이지만 있는 경우에는 삭제가 되지 않아요.

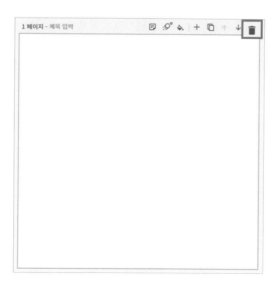

03

사진으로
사실감을 플러스!

미리캔버스는 풍성한 사진 요소를 가지고 있으며 무료사이트인 픽사베이 이미지도 제공하고 있어요.
키워드를 어떻게 검색하느냐에 따라 다양한 사진을 찾으실 수 있으니
사진을 잘 골라 멋진 디자인을 만들어 보세요.

다음은 [사진] 탭에 관해 알아보겠습니다. 미리캔버스에서는 기본 사진 외에도 무료

사이트인 픽사베이의 이미지를 제공하고 있습니다. [사진] 탭 메인화면에 보면, 사용자가

자주 검색하는 주제별로 사진이 나뉘어 있습니다. 주제는 시기에 따라 바뀝니다.

사진을 작업 슬라이드에 넣어 보도록 할게요.

1. 키워드를 검색합니다.

2. [사진] 탭이나 [Pixabay] 탭에서 마음에 드는 사진을 찾아 클릭하시면 상단 화면처럼 사진이 삽입됩니다.

3. 사진을 클릭하면 크기 조정, 회전과 같은 기타 설정을 할 수 있습니다.

　사진 크기는 대각선으로 조정해야 예뻐요.

> ☑ TIP
>
> 혹시 마음에 드는 사진이 없으면 비슷한 키워드로 검색해 보세요.
> 검색어에 따라 다양한 이미지를 출력해 줍니다.

4. 사진을 클릭하면 좌측에 편집할 수 있는 메뉴가 생깁니다.

　　다른 탭에서도 반복되는 편집 기능은 이곳에서 한 번만 소개해드리도록 할게요.

상단 요소명 옆 다섯 가지 메뉴부터 소개해드릴게요.

① 스타일 복제 : 적용된 스타일(ex. 필터, 투명도 등)을 복제하는 기능입니다.

　　아래 스타일 복제 예시를 통해 기능을 익혀 보세요.

1. 화관 사진에 투명도를 62%, 필터는 '밝은'으로 설정했습니다

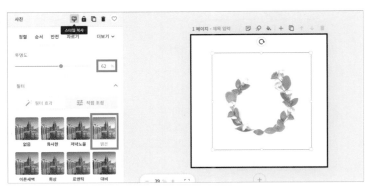

2. 벚꽃 사진 한 장을 불
러왔습니다. 아무 설
정도 되어 있지 않죠?

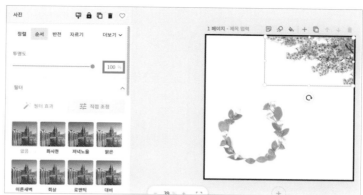

3. 화관을 클릭해서
[스타일 복제]를 눌러
준 후 벚꽃 사진을 클
릭하면 스타일 복제
완성!

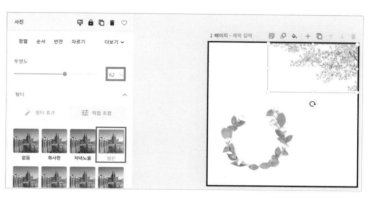

투명도와 필터 효과가 복사된 거 보이시나요?

② 잠금 : 수정을 제한
하고 고정하는 기능입
니다. 잠금 기능이 활성
화되면 삭제도 불가능
합니다.

③ 복제하기 : 선택한 요소를 복제합니다.

④ 삭제하기 : 선택한 요소를 삭제합니다.

⑤ 찜하기 : 선택한 요소를 찜하기 목록에 담습니다.

다음은 정렬, 순서, 반전, 자르기, 더보기 기능을 소개할게요.

① 정렬 : 작업 슬라이드의 왼쪽, 가운데, 오른쪽, 상단, 중간, 하단으로 정렬할 수 있습니다.

② 순서 : 작업 슬라이드에 여러 개의 요소나 이미지가 있을 때, 각각의 순서를 설정하는 기능입니다. 앞으로 올수록 많은 요소를 가리고, 뒤로 갈수록 다른 요소에 많이 가려집니다.

③ 반전 : 사진을 상하 또는 좌우로 반전시켜 줍니다.

④ 자르기 : 자르기 버튼을 누르면
위 그림과 같이 자를 범위를 지정할
수 있는 표시가 생깁니다. 범위(빨간
박스 안쪽 네 모서리)를 지정해서 원
하는 만큼 자를 수 있습니다.

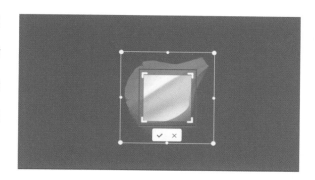

[더보기]에서는 배경으로 만들
기와 이미지 초기화 기능을 사
용할 수 있습니다.

⑤ 더보기–배경으로 만들기 : 이미지가 작업 슬라이드 페이지의 배경이 됩니다.

⑥ 더보기-이미지 초기화 : 이미지를 처음 불러왔던 원상태로 되돌려 줍니다.

이미지 필터(저녁노을) 사용 이미지

이미지 초기화 버튼 클릭(원상태로)

투명도 : 사진의 투명도를 조절합니다. 0에 가까울수록 사진이 흐릿하며 100에 가까울수록 뚜렷합니다.

[필터 효과]와 [직접 조정]을 통해 사진의 느낌을 바꿀 수 있습니다.

하단의 이미지는 '화사한' 필터 효과를 줬습니다.

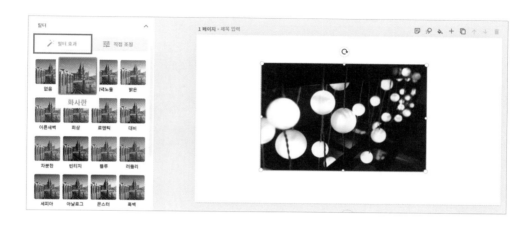

[직접 조정]에서는 밝기, 대비, 채도, 컬러톤 등을 수동으로 설정해 사진의 분위기를 바꿀 수 있습니다.

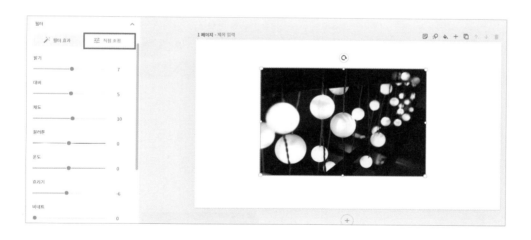

그림자는 요소에 입체감을 줄 수 있습니다. 그림자 메뉴 앞 박스를 체크하면 그림자 기능이 활성화됩니다. 그림자의 방향, 투명도, 거리, 흐림을 조정할 수 있습니다.

[그라데이션 마스크]는 이미지가 서서히 흐려지는 효과입니다. 효과의 방향과 범위를 조정할 수 있습니다.

링크는 [url 링크]와 [페이지 이동] 두 가지로 활용할 수 있습니다.

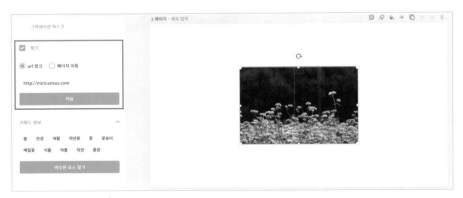

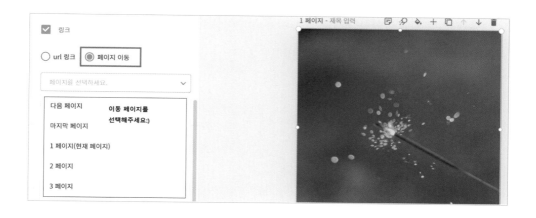

미리캔버스 내에서는 슬라이드 쇼, 공유뷰어에서 사용할 수 있으며, 파일로 다운로드할 때는 PDF 파일에만 적용됩니다.

키워드 정보는 선택한 요소가 담고 있는 키워드를 의미합니다. 아래 비슷한 요소 찾기 버튼을 누르면 키워드 정보 아래 적힌 모든 키워드가 입력되어 검색됩니다. 키워드 중 하나만 눌러 검색할 수도 있습니다.

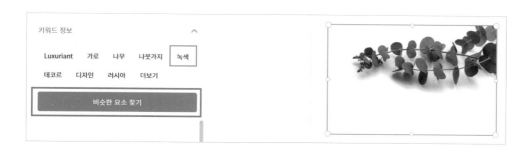

여기까지 기본 편집 메뉴에 대해 알아봤는데요. 이 외에도 편집할 때 유용하게 쓰일 '그룹'이라는 기능을 소개해드릴게요.

그룹은 두 개 이상의 사진, 요소, 텍스트를 묶을 때 사용합니다. 화면 안에 있는 서로 다른 텍스트와 이미지를 묶어 동시에 크기를 조절하거나 위치를 이동시킬 때 사용할 수 있는데요.

그룹을 묶으려면 요소가 두 개 이상은 되어야겠죠? 위 사진에서 보면 꽃잎과 꽃 두 송이로 요소가 두 개입니다. 그럼 그룹을 지정해 볼게요.

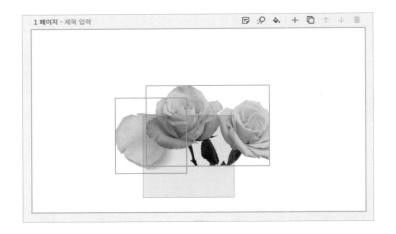

1. 그룹 설정이 필요한 요소를 마우스로 드래그하면 동시에 선택됩니다.

2. ctrl키나 shift키를 누른 상태로 하나씩 짚어 주면 요소들이 동시에 선택됩니다.

1, 2처럼 여러 요소가 동시에 선택된 것을 '다중요소'라고 부릅니다.

3. 요소가 선택되었으면 옵션 메뉴 우측 상단에 있는 '그룹' 아이콘이나, 하단에 [그룹으로 만들기]

버튼을 누릅니다. 그러면 두 요소가 하나의 그룹으로 묶이게 됩니다.

혹은 ctrl+G(Group)의 단축키를 사용할 수 있습니다.

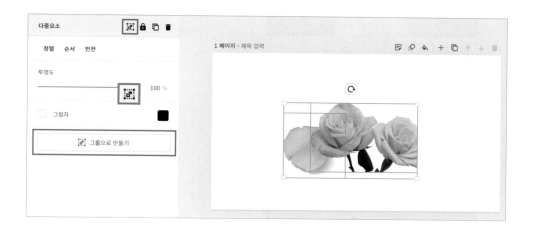

그룹으로 묶인 요소는 하나의 요소처럼 동시에 움직이고, 효과를 동시에 적용할 수

있습니다. 그룹 기능은 요소에도, 텍스트에도 동일하게 적용됩니다.

TIP) 무료로 사용할 수 있는 사진 사이트

1. 펙셀스 (https://www.pexels.com/ko-kr/)

한국어가 지원되는 고퀄리티 사이트.
대부분의 사진을 무료로 사용할 수 있으며
저작권을 고지하지 않아도 괜찮고 사진 수정
도 가능한 사이트입니다.

2. 언스플래시 (https://unsplash.com/)

고퀄리티의 감성적인 사진을 많이 보유하
고 있어요. 사진은 무료로 사용이 가능하고
상업적 용도로도 사용할 수 있습니다. 검색
어를 영어로 입력해야 해요.

3. BURST (https://burst.shopify.com/)

이 사이트의 이미지는 해외 이커머스 플랫
폼인 '쇼피파이'에서 제공한다고 해요. 제품
사진이 많은 것이 특징입니다.

이 외에도 미리캔버스 사이트에도 있는 고퀄리티 이미지 사이트 픽사베이(https://pixabay.com), 리샷(https://reshot.com) 등 다양한 사이트가 있습니다.
저작권에서 자유로운 편이지만 상업적 용도로 활용하실 때는 한 번 더 확인하고 사용하세요.

04

디자인을 풍성하게 만드는
요소 알아보기

글의 내용을 쉽게 이해할 수 있도록 돕는 또 다른 방법이 바로 요소를 활용하는 것인데요.
일러스트부터 프레임, 표까지 다양한 요소가 있으니 적절하게 활용해 보세요.

1) **요소** : 일러스트, 조합, 도형, 선, 프레임 등 다양한 요소를 활용할 수 있는 탭입니다.

① 일러스트 : [일러스트]에는 주로 그림 요소

가 있습니다.

사용자들이 많이 검색하는 키워드로 카테고리가 묶여 있으며, 시기에 따라 변합니다.

[일러스트] 탭에는 '비트맵'과 '일러스트' 두 가지 종류의 파일이 혼합되어 있습니다.

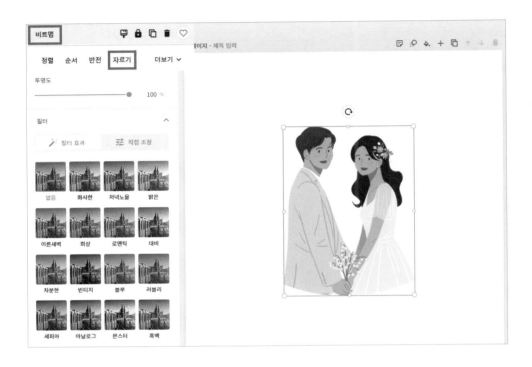

비트맵 : 이미지 파일(JPG, PNG)과 같이 점(픽셀, 네모, 사각형)이 모여 만들어졌습니다.
사진편집 기능과 동일한 기능을 활용할 수 있습니다(ex. 자르기 가능). 비트맵
특성상 기존 사이즈에서 확대하면 해상도 품질이 저하되고, 필터 적용은 가
능하지만 색을 바꿀 수는 없습니다.

일러스트 : 일러스트 프로그램으로 만든 이미지로, 벡터(Vector)라고도 부릅니다.

사이즈를 확대해도 이미지 품질이 그대로 보존되고, 요소의 색을 바꿀 수

있는 장점이 있습니다. 자르기와 필터 효과 기능을 적용할 수 없습니다.

② 조합 : 프레젠테이션 레이아웃이나 쿠폰, 아고 캐릭터 등 이미지와 텍스트를 조합해 만든 요소

들이 많습니다.

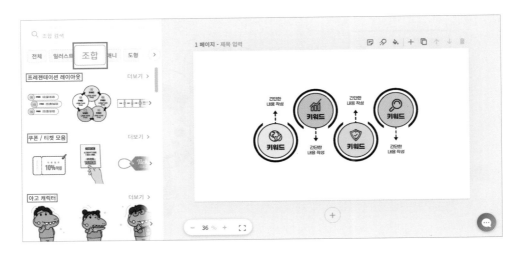

③ 애니 : 움직이는 이미지가 있는 탭입니다. 일반 이미지로 다운로드하면 움직이는 기능이 활성화

되지 않으니 [동영상] 탭의 mp4나 gif로 다운로드해 주세요.

④ 도형 : 인포그래픽 차트, 사각형, 원형, 테두리/외곽선 등을 사용할 수 있습니다.

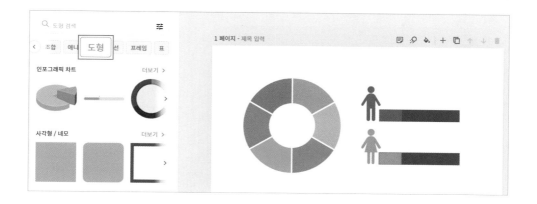

⑤ 선 : 선은 실선, 점선, 화살표, 밑줄/색연필, 곡선, 꺾은선 등 다양한 종류가 있습니다.

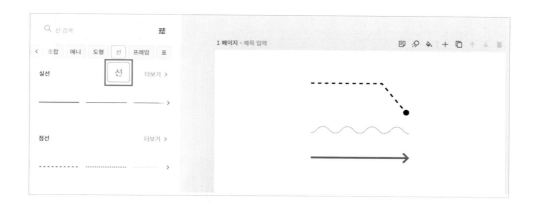

⑥ 프레임 : 액자처럼 프레임 부분에 사진이 쏙 들어가게 하는 기능.

요소(사진/일러스트)를 프레임 위로 드래그 앤 드롭하면 요소가 프레임 안으로 들어갑니다.

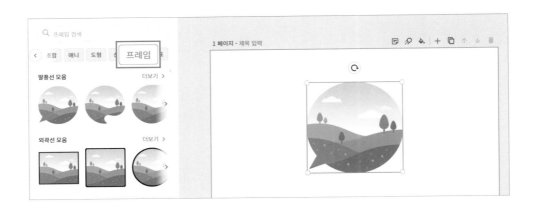

아래 이미지는 사진 요소를 프레임 위로 드래그 앤 드롭한 모습이에요. 프레임 안 이미지의 구도가 잘 맞지 않는다면 더블 클릭해서 구도를 맞춰 줄 수 있습니다.

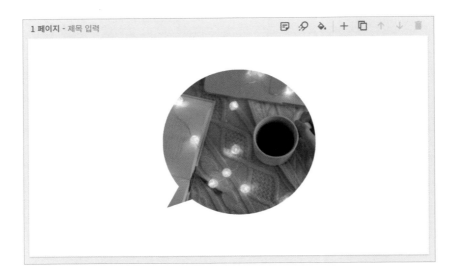

⑦ 차트 : 직접 수치를 입력해서 차트를 만드는 기능이 최근에 추가되었습니다!

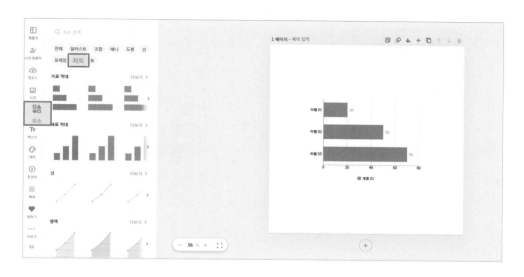

1. 요소에서 차트를 불러옵니다. 가로 막대, 세로 막대, 선, 영역, 파이, 도넛 차트와 같이 다양한 차트 타입을

제공합니다. 첫 번째에 있는 파란색 가로 막대 차트를 불러왔어요.

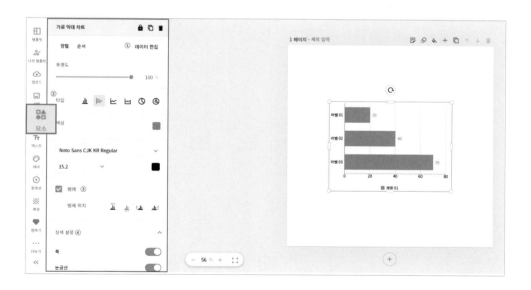

2. 차트를 한 번 클릭하면 왼쪽에 편집 메뉴가 나옵니다. 데이터 편집부터 살펴볼게요.

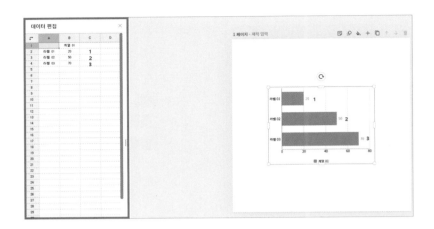

[데이터 편집]을 누르면 왼쪽에 엑셀창이 뜹니다. 엑셀창에서 데이터를 변경하면 오른쪽 차트의 내용이 바뀝니다.

3. 가로 막대그래프로 불러왔지만, 언제든 차트 타입을 변경할 수 있습니다. [타입]에서 변경하고 싶은 타입을 선택하기만 하면 됩니다.

① 세로 막대 ② 가로 막대 ③ 선 ④ 영역 ⑤ 파이 ⑥ 도넛

4. 범례는 없앨 수도 있고, 위치를 바꿔 줄 수도 있습니다.

그 외에도 축, 눈금선, 축 라벨, 데이터 라벨의 표시 여부에 대해서 옵션을 설정할 수 있습니다. [상세 설정]은 차트별로 옵션이 조금씩 다르게 제공되니 참고하세요.

차트의 색상이나 글꼴 변경은 다른 요소들처럼 기본으로 변경할 수 있습니다. 데이터를 입력해서 쉽고 멋지게 차트를 만들어 보세요.

⑧ 표 : 표, 의류 사이즈, 월별 달력 등을 삽입할 수 있습니다.

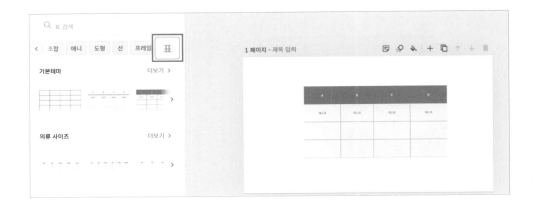

표를 클릭하면 좌측에 뜨는 편집 기능을 이용할 수 있습니다. 정렬, 순서 기능을 사용할 수 있고 열 추가, 행 추가, 행 삭제, 열 삭제, 셀 배경, 테두리 등을 조절할 수 있습니다.

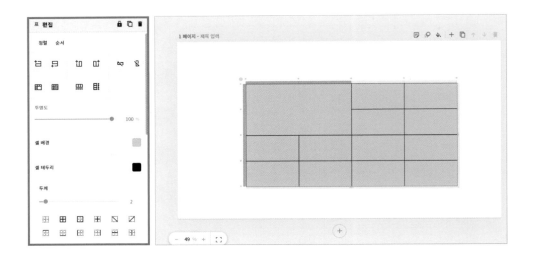

세부 메뉴를 소개해드릴게요.

: 상단, 하단 행 추가하기　　　　　: 좌측, 우측 열 추가하기

: 행 삭제하기　　　　　　　　　　: 열 삭제하기

: 셀 합치기　　　　　　　　　　　: 합쳐진 셀 나누기

: 열 간격 맞추기　　　　　　　　　: 행 간격 맞추기

표 크기 조정과 열 추가는 캔버스에서도 바로 할 수 있습니다.

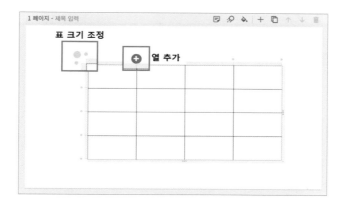

[셀 배경]을 클릭하면 단색으로 셀 배경색을 바꿀 수 있습니다. 부분 변경도 가능합니다.

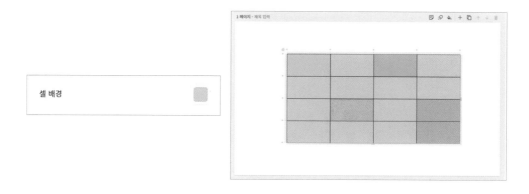

셀 테두리도 색상, 두께, 범위 변경이 가능합니다. 색상과 두께를 먼저 변경한 후 범위를 선택해야 설정됩니다.

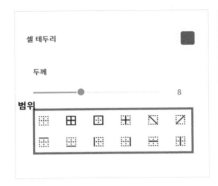
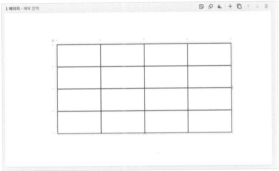

TIP) 무료로 사용할 수 있는 일러스트 사이트

무료로 다운로드받아 사용할 수 있는 일러스트 사이트를 안내해드릴게요. 다운받으실 때 SVG로 받으시면 미리캔버스에서 색을 바꿀 수 있으니 참고해주세요.

1. 플래티콘 (https://www.flaticon.com/)

다채로운 주제와 퀄리티 높은 아이콘을 보유하고 있습니다. 앞에 왕관 표시가 있는 것은 유료지만, 무료로 쓸 수 있는 좋은 아이콘도 많아요.

2. 언드로우 (https://undraw.co/illustrations)

독특하고 트렌디한 감성의 일러스트를 많이 보유하고 있어요. 디테일이 살아 있는 아이콘도 많고, 자체적으로 색감도 바꿀 수 있습니다.

3. 리틀딥 (https://littledeep.com/)

종류가 많지는 않지만 한국 감성을 담은 아이콘을 가지고 있어요. 한국어로 종류를 구분해 놓아서 찾기도 쉽습니다.

이 외에도 관련 테마의 다양한 이미지를 한 번에 팩으로 다운받을 수 있는 드로우키트(https://www.drawkit.io/), 프리픽에서 운영하는 스토리(https://storyset.com/rafiki)도 있어요.

05

한눈에 들어오는
텍스트 쓰는 법

텍스트는 내용을 전달할 때 가장 중요한 부분인데요.
글꼴 입력부터 효과 주기까지 다양한 기능을 실습해 보도록 하겠습니다.

텍스트는 콘텐츠의 핵심을 전달하는 역할을 합니다. 텍스트 메뉴에 대해 살펴보고 텍스트 사용 팁 몇 가지를 알려드릴게요.

먼저, 텍스트를 추가하고 싶다면 1. 좌측 탭에서 텍스트를 클릭하고 2. 사용에 알맞은 크기의 텍스트를 클릭합니다.

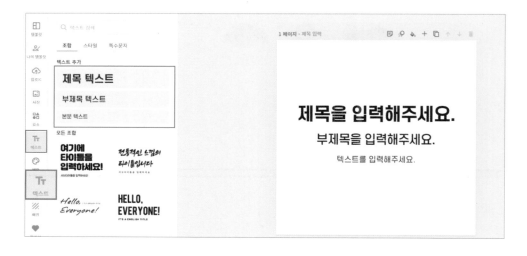

텍스트는 제목, 부제목, 본문으로 구분되어 있는데 글자 크기가 대략 상단 화면 정도니 참고해서 사용하세요.

3. 텍스트 박스를 더블 클릭하면 글자를 입력할 수 있어요.

4. 옵션 메뉴에서 텍스트의 폰트, 사이즈, 색상 등의 효과를 적용할 수 있습니다.

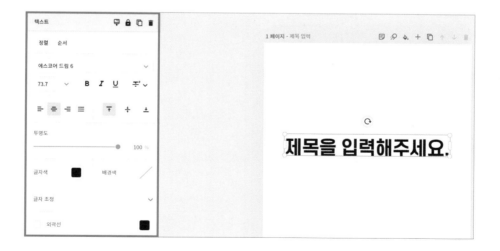

옵션 메뉴의 기능은 다음과 같습니다.

기본 글자 효과 주기

① 글꼴 변경 : 폰트명 오른쪽에 위치한 아래 방향 화살표를 누르면 글꼴을 변경할 수 있습니다.

미리캔버스에는 고딕, 명조, 손글씨, 제목, 본문으로 글꼴 카테고리가 구분되어 있습니다.

폰트 옆 별표(1)를 누르면 즐겨찾기 목록(2)에 저장됩니다. 자주 쓰는 글꼴을 PICK!

해 보세요.

② 글자 크기 조정 ③ 굵게(Bold) ④ 기울이기 ⑤ 밑줄

⑥ 텍스트 서식 팝업 : 그 외 사용할 수 있는 메뉴가 들어 있어요.

정렬

⑦ 왼쪽 정렬 ⑧ 가운데 정렬 ⑨ 오른쪽 정렬 ⑩ 양쪽 정렬

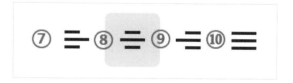

⑪ 상단 정렬 ⑫ 중앙 정렬 ⑬ 하단 정렬

글자색, 배경색 바꾸기

[글자색] 옆 색상 박스를 클릭하면 [색상] 탭이 나옵니다. 팔레트에서 마음에 드는 색상을 선택하면 글자색, 배경색을 변경할 수 있습니다. 하단 오른쪽 사진처럼요.

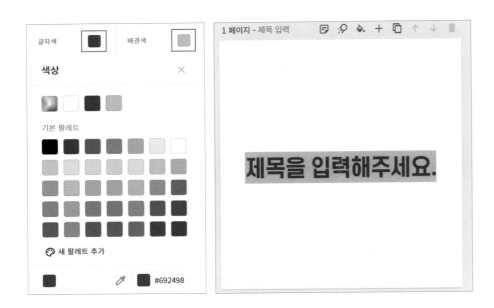

글자 조정

[글자 조정] 끝에 있는 아래 방향 화살표를 누르면 자간, 행간, 장평을 조정할 수 있습니다.

① 자간 : 글자 간격 ② 행간 : 줄 간격 ③ 장평 : 글자 넓이

기타 글자 효과

1) **외곽선** : 글자에 두께감을 주는 효과입니다. 색상과 두께를 조정할 수 있어요.

2) **그림자** : 글자를 좀 더 입체적으로 보이게 해 주는 효과로 방향, 글자의 투명도, 거리, 흐림의 정도를 조정해 텍스트의 느낌에 변화를 줍니다. 상단 오른쪽 사진은 방향별 그림자 효과 예시니 참고해 주세요.

3) **그라데이션** : 물드는 느낌적인 느낌을 주는 그라데이션 효과. [그라데이션] 옆 박스를
누르면 여러 패턴이 나옵니다. 패턴 선택 후 색상 변경을 할 수도 있고
효과의 방향을 조정해서 새로운 패턴을 만들 수도 있어요.

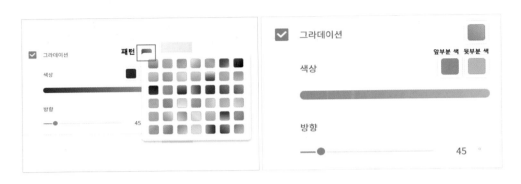

4) **곡선** : 텍스트의 정렬을 곡선 형태로 변경해 줍니다. [곡선] 오른쪽 박스를 누르면
안쪽 쓰기, 바깥쪽 쓰기 설정을 할 수 있어요.

이상 텍스트 효과에 관해 설명해드렸습니다. 아무리 좋은 효과라도 과하게 적용하면
안 하느니만 못한 결과를 불러올 수 있으니, 전체적인 조화를 고려해서 적용해 보시길
추천합니다.

앞서 말씀드렸다시피 글은 가장 직접적으로 의미를 전달하는 역할을 합니다. 그러나
같은 내용을 쓰더라도 어떤 글꼴을 사용하느냐에 따라 의미가 전달되는 느낌이 다른데
요. 글꼴의 모양 이외에도 크기, 굵기, 배치에 따라서도 콘텐츠가 주는 느낌이 달라질 수
있으니 여러 콘텐츠를 만들어 보시면서 다양한 느낌을 연출하는 재미를 느껴 보세요.

같은 글 다른 느낌:)

그럼 지금부터는 저와 글꼴의 종류에 대해 알아보겠습니다. 강의를 할 때 '여기에는 어떤 글꼴을 쓰는 게 좋아요?'라는 질문을 종종 받는데요. 정해진 답은 없지만, 글꼴의 특징을 이해하면 글꼴을 선택할 때 도움이 될 듯해 글꼴 소개를 준비했습니다.

고딕체

명조체

개성체

조미료체(손글씨)

각 글꼴의 특징에 대해 알아봤는데요. 글꼴 선택에 도움이 되셨을까요? 같은 고딕체라고 해도 느낌이 조금씩 다르다 보니 '이럴 땐 이 글꼴이 딱입니다!' 하는 정답은 없습니다. 콘텐츠 분위기에 맞게 또 각자의 스타일에 맞게 글꼴을 선택해 보시면 좋을 것 같아요.

만약 여전히 어떤 글꼴을 써야 할지, 어떻게 텍스트를 배치하면 좋을지 감이 잘 잡히지 않는다면 미리캔버스의 템플릿들은 어떤 글꼴을 썼는지, 화면 배치는 어떻게 했는지 참고해 보셔도 좋을 것 같습니다.

TIP) 무료로 사용할 수 있는 글꼴 사이트

미리캔버스에 글꼴을 불러올 수는 없지만, 현장에서 저작권 걱정 안 하고 쓸 수 있는 글꼴은 없는지 많이들 질문을 주셔서 안내해드립니다.

1. 눈누폰트 (https://noonnu.cc/)

상업용으로도 이용 가능한 서체를 모아 놓은 사이트입니다. 마음에 드는 글꼴을 클릭해 글꼴창 이동 후 [다운로드] 버튼을 클릭하면 관련 페이지로 이동합니다. 저작권 범위에 대한 안내도 있어 유용한 사이트예요.

2. 안심 글꼴파일 서비스 (https://gongu.copyright.or.kr/freeFontEvent.html)

문화체육관광부에서는 국민 누구나 걱정 없이 사용할 수 있는 안심 글꼴파일 서비스를 제공하고 있습니다. 목록 전체를 한 번에 다운받을 수 있어 편리해요.
이용 가능한 글꼴이 계속 업로드되는 것도 장점!

06

색감을 모르겠다고요?
테마가 도와드릴게요!

수강생분들이 어려워하시는 부분들 중 하나가 색감 설정하기인데요.
미리캔버스에서는 색감을 고르는 데 참고할 수 있도록 [테마] 탭을 구성했습니다.
이 색, 저 색 눌러 보면서 디자인에 알맞은 색감을 골라 보세요.

수강생분들이 디자인 배치, 글꼴 선택보다 더 어렵다고 하시는 부분이 바로 색상 선택입니다. 저도 마찬가지로 색상 선택은 너무 어렵습니다. 미리캔버스에서는 사용자의 고민을 알았는지 테마라는 메뉴를 새롭게 만들었는데요. 어떤 메뉴인지 소개해드릴게요.

왼쪽에서 [테마]를 누르면 하단 화면이 나옵니다.

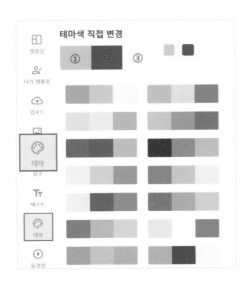

미리캔버스

[테마색 직접 변경] 아래 숫자 ①, ②, ③을 적어 두었는데 각각 상단 우측 화면의 ①(배경), ②(글자), ③(흰색 배경)번 색상을 의미합니다. [테마 색상]의 아래 목록에서 원하는 탭을 누르면 한 번에 전체 색상을 바꿀 수 있습니다.

[테마 색상]에서 첫 번째에 위치한 주황색, 노란색, 아이보리색 탭을 터치했습니다. 한 번 터치하니 주황색이 ①번 배경색이 되었고, 노란색이 ②번 글자색이 되었고 아이보리색이 ③번 박스 배경색이 되었습니다.

한 번에 색이 촤라락 바뀌는 것을 확인하셨는데요. 한 번 더 주황색 탭을 눌러 보면 어떻게 될까요?

한 번 더 주황색 탭을 클릭했더니, 이번에는 노란색이 ①번 배경색이 되었습니다. 클릭할 때마다 세 가지 색이 ①, ②, ③번 위치를 바꿔 가며 지정되는 것을 볼 수 있습니다.

[테마색 직접 변경] 옆 색상 박스를 누르면, 색상을 직접 지정할 수 있습니다.

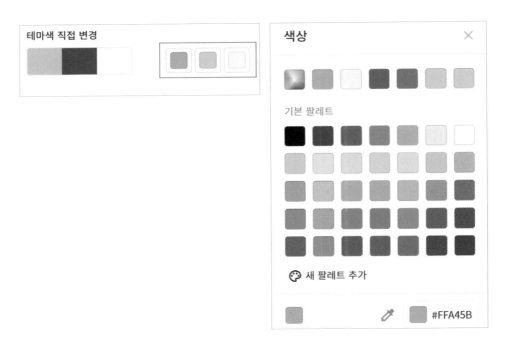

색상 메뉴 사용법을 안내해드릴게요.

① 기본 팔레트 : 기본 색상 30색이 있습니다.

② 직접 지정 : 기본 팔레트에 원하는 색상이 없을

때, 직접 지정하는 용도로 사용하실 수 있습니다.

③ 스포이트 : 다른 이미지나, 일러스트에서 마음에

드는 색상을 콕! 찍어 가져올 수 있습니다.

④ 코드표 : 색상이 가진 고유의 코드표가 있어요.

코드표를 입력하면 그 색으로 변환됩니다. 부록

② [직접 지정] 예시

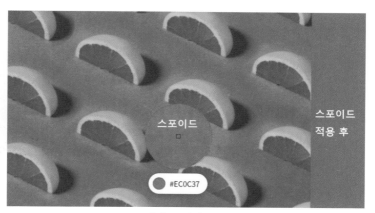

③ [스포이트] 예시

⑤ 새 팔레트 추가 : 나만의 색상 모음집을 만들 수 있습니다. [새 팔레트 추가하기] 버튼을 누르면,

팔레트의 이름을 설정하는 칸이 나옵니다. 용도에 따라 적어 두셔도 좋습니다.

[색상] 탭을 눌러 색을 선택한 뒤 [뒤로가기] 버튼을 누르면, 내 팔레트에 색이 추가됩

니다.

그 외 색상 추가, 제거 및 팔레트 수정, 삭제 기능도 있어요.

색 선정에 도움을 줄 테마 기능에 대해 살펴봤습니다.

사람이 시각적 요소를 인지하는 순서가 '색상 – 이미지 – 형태 – 로고 – 텍스트'라고 하니, 색상 배치는 콘텐츠 제작에 매우 중요한 부분이라고 말할 수 있겠습니다. 따라서 색상 배치를 좀 더 수월하게 할 수 있는 방법이 무엇인지 알아보도록 하겠습니다.

먼저 색에 대한 기본적인 내용들을 살펴볼 텐데요. 색은 색상, 명도, 채도 세 가지로 구성되어 있습니다. 색의 3요소라고 하는데, 아마 미술시간에 한 번쯤 들어 보신 적이 있으실 거예요.

그럼 색상부터 알아보도록 할게요.

색상은 색을 구분하게 하는 색 자체의 고유한 속성을 의미합니다. 색에 붙여진 '이름'이라고도 할 수 있는데요. 아래 보시는 원형은 색상환(Hue circle)으로 사람들이 색상을 구성하고, 구별하고 혼합하는 데 유용하게 쓰이는 도구입니다.

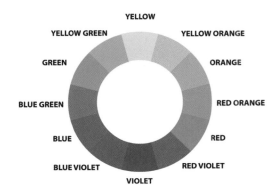

이 그림이 바로 색상환인데요. 색상환에는 어떤 기준으로 색들이 배치되어 있는 걸까요?

'일차색, 이차색, 삼차색'의 개념을 이해하시면 좀 더 쉬울 것 같아 소개해드릴게요.

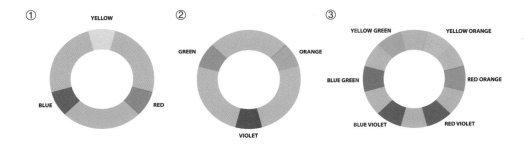

① 일차색 : 색을 섞어서 만들어 낼 수 없는 근본적인 색. 빨간색, 노란색, 파란색.

② 이차색 : 일차색끼리 혼합해서 만든 색. (ex. 파란색+노란색=초록색)

③ 삼차색 : 일차색과 이차색을 혼합해서 만든 색. (ex. 파란색+초록색=청녹색)

계속 근접한 색끼리 섞으면 무궁무진히 색상을 만들어 낼 수 있습니다.

자, 그다음은 명도에 대해 살펴볼게요. 명도는 색의 밝고 어두운 정도를 의미합니다.

어두우면 명도가 '낮다'라고 표현하고, 밝으면 명도가 '높다'라고 표현합니다.

채도는 색의 선명도를 말하는데 색상이 탁하면 채도가 '낮다'고 하고 색상이 선명하면 채도가 '높다'라고 표현합니다. 채도가 높을수록 가시성도 높아지기 때문에 채도가 높은 색상은 중요한 곳에만 사용하는 게 좋습니다. (투머치 노노!)

이상으로 색의 3요소에 관해 알아봤습니다. 이제 이를 활용하여, 색상을 배치하는 방법을 배워 보도록 할게요. 첫 번째는 '유사색' 조합입니다.

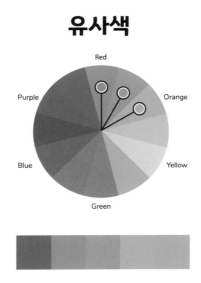

색상환표에서 근접한 곳에 위치한 색을 '유사색'이라고 부릅니다.

유사색으로 콘텐츠의 색감을 배치할 경우, 협조적이고, 온화하고 부드러운 느낌을 줄 수 있습니다.

두 번째는 '보색' 조합입니다.

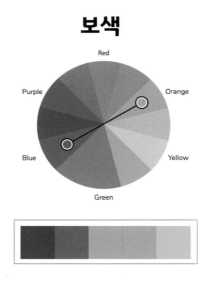

보색은 다른 색상의 두 빛깔이 섞여 '검정색'이 되는 색을 말합니다. 빛으로 섞일 때는 '흰색'이 된다고 해요.

보색으로 콘텐츠의 색감을 배치할 경우 눈에 잘 띄는 콘텐츠를 만들 수 있습니다. 하지만 잘못 배치하면 촌스러운 느낌을 줄 수도 있으니 주의가 필요합니다.

색상환 아래 컬러 조합을 보면 명도와 채도를 낮춰 파스텔 계열의 색상을 사용했는데요. 보색 배치를 할 때 이런 방법을 사용하면 촌스럽지 않으면서도 포인트를 주는 보색 배치를 하실 수 있으니 참고해 보세요.

세 번째는 '단색' 조합입니다.

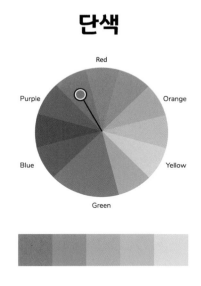

언뜻 보면 유사색과 비슷하지만, 단색은 동일한 색에서 채도와 명도만 살짝 바꿔 효과를 준 색입니다. 그라데이션 느낌이 나요:)

이 외에도 브랜드의 로고나 브랜드를 상징하는 색감으로 콘텐츠를 만들기도 하고, 또 기타 그림이나 이미지에서 스포이트로 색을 추출해서 그 느낌을 살릴 수도 있습니다.

색상을 고르는 일도 까다롭지만, 어떤 비율로 색을 선택하느냐에 따라서도 콘텐츠의 느낌이 달라지기 때문에 색상의 비율 역시도 중요하게 고려해야 합니다.

색채디자인에서는 대략 주색(6~70%) + 보조색(2~30%) + 강조색(5~10%) 비율로 색을 사용한다고 합니다.

1) **주색** : 주색은 콘텐츠를 봤을 때, 한눈에 느끼게 되는 색상이며 콘텐츠의 전체적인 분위기에 영향을 주는 색입니다.

2) **보조색** : 보조색은 주색을 더 돋보이게 보조해 주는 색입니다.

3) **강조색** : 강조색은 콘텐츠가 지나치게 단조로워 보이는 것을 방지하거나, 보조적인

주제를 표현할 때 사용하는 색입니다. 사용하지 않는 경우도 있습니다.

이렇게 해서 색의 3요소, 색 사용 방법, 비율에 대해서 알아봤습니다. 그런데 색에도 감정이 있다는 사실, 알고 계셨나요? 마지막으로 색채심리학적 관점을 배워 보도록 하겠습니다. 색채심리학적 관점에서 보면 하나의 색상이 긍정, 부정의 속성을 함께 가지고 있다고 하는데요. 우리가 자주 사용하는 색상에 내포되어 있는 감정들을 알아보도록 하겠습니다.

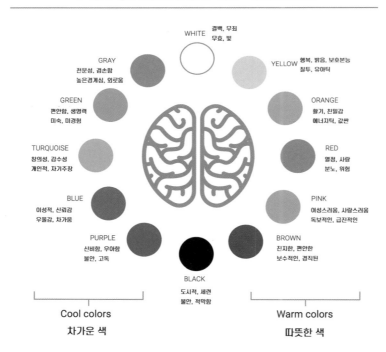

색이 가진 감정을 그림으로 알아봤습니다. 보는 사람의 감정까지 생각한다면 공감을 끌어낼 수 있는 좋은 콘텐츠를 만들 수 있을 거예요.

TIP) 색감 더 쉽게, 더 표현력 있게:)

색상을 더 쉽게 pick할 수 있는 사이트가 엄청 많은데요. 그중에서도 유용한 사이트를 엄선해서 여러분들께 소개할게요.

1. 어도비 컬러 (https://color.adobe.com/ko/create)

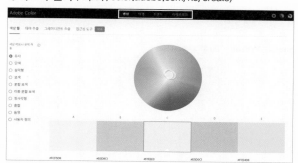

포토샵, 일러스트 사이트로 유명한 어도비에서 색상을 추출할 수 있는 사이트를 만들었어요!
유사색, 보색 등 직접 추출도 가능하고, 사진을 넣으면 색을 추출해 주기도 합니다.
상단 [탐색] 탭에서 키워드를 입력하면 관련 색조합표도 볼 수 있고요. [트렌드] 탭은 분야별 트렌드 색상을 알려 줍니다. 다양하게 활용하기에 짱짱!

2. 컬러 스페이스 (https://mycolor.space/)

마음에 드는 색상을 고르고 아래 [생성하기] 버튼을 클릭하면, 선택한 컬러에 대한 다양한 종류의 팔레트가 제공됩니다. 신기해요:)

3. 브랜드 컬러 (http://brandcolors.net/)

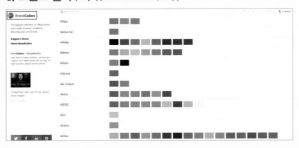

유명 브랜드들이 어떤 컬러를 쓰는지 궁금하지 않으세요? 브랜드 컬러에서 확인하실 수 있어요. 좋은 참고자료가 될 수 있습니다.

참고할 만한 색이 많은 건 확인했는데, 미리캔버스에 어떻게 적용하느냐고요?!
지금부터 알려드릴게요. 코드표 입력하기! 뚜둔!

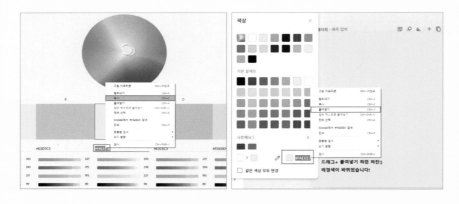

① 마음에 드는 색을 찾으시면 아래 코드표를 드래그해 주세요.
② 마우스 오른쪽 버튼 클릭해서 [복사하기]를 누르시거나 단축키[ctrl+C]를 이용해서 복사해 주세요.
③ 미리캔버스에서 적용하고 싶은 부분의 색상 메뉴를 클릭하고, 드래그한 뒤 [붙여넣기]를 누르시거나, 단축키[ctrl+V]를 누르면 끝이에요. 참 쉽죠?

07

생동감을
불어넣는 동영상

앗 뜨거! 미리캔버스에서 나온 신상 요소 동영상이에요. 직접 제공하는 영상부터, 유튜브 링크까지 업로드하
실 수 있으니 이젠 움직이는 콘텐츠들도 많이 만들어 보세요.

동영상은 미리캔버스에서 제공하는 소스를 이용하거나 유튜브 링크를 불러와 작업할
수 있습니다. 직접 찍은 영상은 [업로드] 메뉴에서 활용이 가능해요. 다음 챕터에서 설명
해드릴게요. 동영상이 구현되게 하려면 다운로드 시 [동영상] 탭의 MP4로 저장해 주시
면 되겠습니다. (10초 이하라면 GIF도 가능)

동영상

동영상 메뉴를 클릭하시면 좌측에 다양한 영상들이 있습니다. 마음에 드는 영상을
클릭하면 작업하실 수 있습니다.

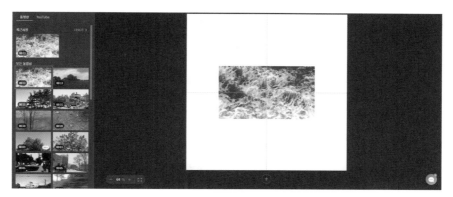

영상을 올리기 전 꼭 주의하실 겟!

유튜브 영상에 대한 저작권은 미리캔버스에서 보호해 주지 못하니 꼭 사전에 확인하시고 사용하세요.

왼쪽 세로형 툴바에서 [동영상]을 클릭하면 유튜브 URL을 입력하는 창이 뜹니다.

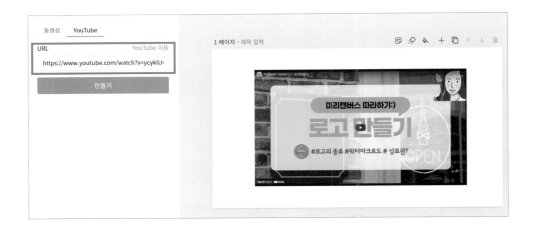

1. 원하는 유튜브 링크를 입력하거나

2. [YouTube 이동]을 클릭해 접속하여 넣고 싶은 영상을 검색해서 URL을 가져올 수 있습니다.

가져온 영상을 이렇게 템플릿 위에 넣을 수도 있습니다. 영상 재생은 미리캔버스 내 슬라이드 쇼나 공유 뷰어에서만 가능합니다. 다운로드 시 썸네일처럼 보여요.

08

디자인의 느낌을
좌우하는 배경

사람은 정보를 인식할 때 색감을 가장 먼저 인식을 한다고 해요.
그만큼 콘텐츠의 배경이 중요하겠죠?
단색부터 패턴, 사진까지 다양하게 배경을 설정해 볼게요.

사람은 시각으로 처리하는 정보가 80% 이상인데, '색상 – 이미지 – 글자' 순서로 정

보를 인식한다고 합니다. 앞에 드러나진 않지만, 은은하게 콘텐츠의 전반적 분위기를 담

당하는 '배경'. 지금부터 콘텐츠의 배경 설정 방법을 안내해드리겠습니다.

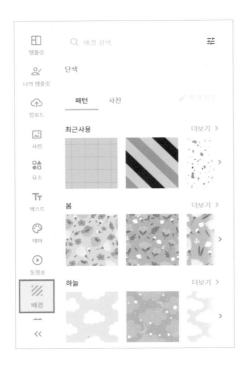

왼쪽 세로형 툴바에서 [배경]을 클릭하면
설정할 수 있는 창이 뜹니다. 배경에는 단색,
패턴, 사진을 넣을 수 있습니다. 원하는 키워
드를 검색해서 배경을 찾을 수도 있습니다.
단색은 앞에서 다루었으니 여기서는 패턴과
사진 넣는 방법을 알아볼게요.

122

키워드 '크리스마스'를 검색했더니 아래 사진과 같이 [패턴] 탭에 다양한 배경이 검색되었네요. 저는 금색의 트리 모양 패턴이 마음에 들어 클릭했습니다. [패턴]에는 몇 가지 숨은 기능이 있는데요. 위 그림에서 [배경 편집]이라는 빨간 네모로 표시된 버튼을 한 번 눌러 볼까요?

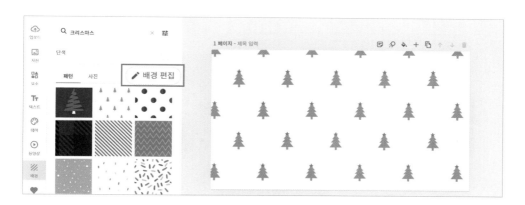

[패턴]-[배경 편집]에서는 기존 기능 외에 활용할 수 있는 두 가지 기능을 소개할게요.

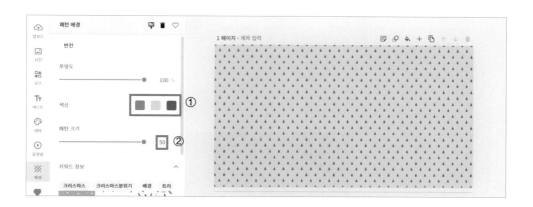

① **색상 변경** : 패턴과 배경의 색상을 변경할 수 있습니다.

② **패턴 크기** : 패턴의 크기를 조정할 수 있습니다.

같은 트리 배경인데, 처음 설정했던 배경과 편집한 배경이 전혀 다른 느낌을 주죠? 색감과 패턴 크기 변경으로 다른 분위기를 연출할 수 있으니 활용해 보시면 좋을 것 같아요.

이번에는 사진을 배경으로 사용해 보겠습니다. [패턴] 탭 옆 [사진] 탭에서 마음에 드는 배경을 골라 클릭하면 위와 같이 적용됩니다.

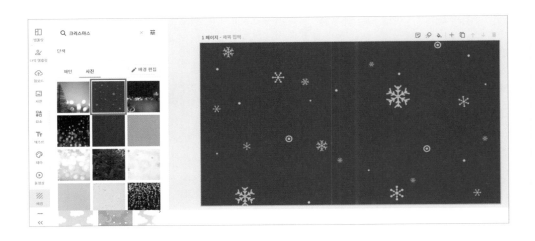

불러온 배경은 편집할 수 있어요. [배경 편집]을 클릭하면 편집 기능이 뜹니다. 필터를 씌우거나 투명도를 조절할 수 있습니다.

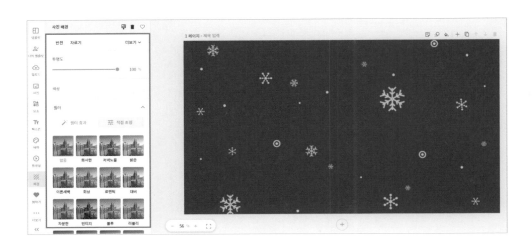

124

내 컴퓨터에서 불러오기, 업로드 기능!

미리캔버스에 있는 사진 말고, 내가 직접 찍은 사진이나 동영상, 요소를 업로드하고 싶은가요?
바로 [업로드] 메뉴에서 할 수 있습니다.
여기서 포인트! 저작권은 책임지지 않으니 잘 확인하시고 업로드해 주세요.

내가 직접 찍은 사진을 콘텐츠에 넣고 싶을 때, 내가 그린 그림을 콘텐츠에 넣고 싶을 때, 미리캔버스에서 사진이나 일러스트를 찾았는데 마땅한 것이 없을 때!

이 모든 문제를 바로 업로드 기능이 해결해 드립니다.

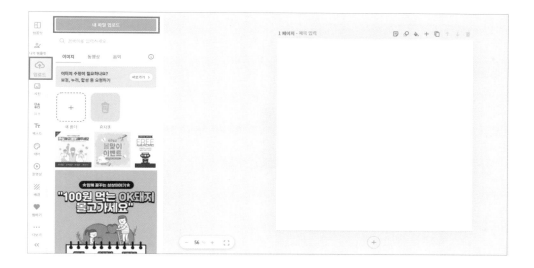

파일을 업로드하는 방법에는 두 가지가 있습니다.

[내 파일 업로드]를 클릭하거나, 폴더 안의 파일을 마우스로 드래그 앤 드롭 파일을 가져올 수 있습니다.

1) [내 파일 업로드] 사용

2) 파일 드래그 앤 드롭하기

[이미지], [동영상], [음악] 탭이 있지만, 현재는 이미지, 일러스트, 동영상 파일만 업로드할 수 있고 음악은 서비스를 준비 중입니다.

업로드한 파일을 폴더별로 정리할 수도 있습니다. 먼저 [업로드]-[새 폴더]를 클릭합니다.

폴더명을 입력한 뒤 확인을 눌러 주면 폴더가 생성됩니다.

이동하고 싶은 파일을 선택한 후 하단의 폴더 모양 아이콘을 클릭하면 이동할 폴더를 설정할 수 있습니다. 휴지통 아이콘을 클릭하면 내가 업로드한 사진 목록에서 사진이 삭제됩니다. 사용이 끝난 사진을 휴지통에 버려 삭제하는 것도 정리의 한 방법입니다.

업로드한 이미지 오른쪽 하단의 더보기 아이콘을 클릭하면 다음과 같은 작은 창이 뜹니다. [폴더로 이동]을 클릭하면 사진이 폴더로 이동합니다. [원본 다운로드]를 클릭하면 PC에 사진을 다운로드할 수 있습니다. [휴지통에 넣기]를 클릭하면 사진을 삭제할 수 있습니다.

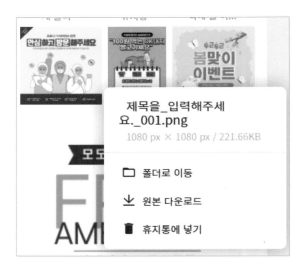

휴지통에 보관된 파일은 30일이 지나면 자동으로 영구삭제됩니다. 또는 직접 휴지통을 비울 수 있습니다.

화면 왼쪽 세로형 툴바에서 [휴지통]을 클릭하면 다음과 같이 휴지통에 있는 사진들이 보입니다. 원하는 사진을 클릭하면 복원하기, 삭제하기 기능을 사용할 수 있습니다.

10

마음에 들면?
콕 '찜하기'

자주 가는 사이트도 '즐겨찾기'해 두시는 것처럼 자주 사용하는 요소들도 '찜'을 해놓으면 다시 검색하는 수고를 줄일 수 있어요. 유용하게 쓸 수 있는 찜하기 기능. 지금부터 살펴볼까요?

미리캔버스에서 제공하는 템플릿이나 사진, 요소 등 마음에 드는 것들을 모아 놓고 사용할 수 있는 '찜하기' 기능! 컴퓨터의 '즐겨찾기'와 비슷하다고 생각하시면 됩니다.

요소에 마우스 커서를 올려놓고 우측 하단의 더보기 아이콘을 클릭하면 [찜하기]를 선택할 수 있습니다.

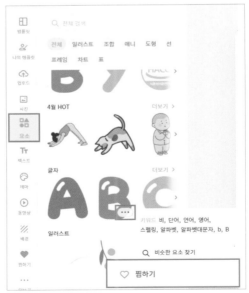

[찜하기] 메뉴에 가면, 전체 요소를 볼 수도 있고 #해시태그를 클릭해서 요소 형식별로 따로 볼 수도 있습니다.

템플릿
둘러보기

미리캔버스 따라 하기!

템플릿 탐색하기
https://youtu.be/WqWo6zXO5OE

01

진짜 많다, 많아!
템플릿 종류 탐구하기 (웹용)

미리캔버스에는 수많은 템플릿이 있어요. 웹용으로 활용하기 적합한 것과 인쇄용으로 활용하기 적합한 템플릿이 있는데, 먼저 어떻게 구성되어 있는지 살펴보면 좋겠죠? 웹용부터 시작합니다!

미리캔버스에는 웹용과 인쇄용 두 가지로 템플릿이 구분되어 있습니다. 본격적으로 템플릿 작업을 하기 전에, 미리캔버스를 활용해서 어떤 콘텐츠를 만들 수 있는지 살펴볼 텐데요. 먼저 웹용 템플릿 종류를 살펴보도록 하겠습니다.

프레젠테이션 : PPT를 세련된 디자인으로 제작할 수 있습니다.

유튜브/팟빵 : 썸네일과 채널아트로 하위 카테고리가 나뉩니다.

상세페이지 : 제품의 장점을 눈에 잘 띄게 표현할 수 있습니다.

소셜 미디어 정사각형 : 정사각형 콘텐츠로 한 장의 임팩트 있는 결과물을 만들 수 있습니다.

템플릿 › 인스타그램 새 피드 게시물　　　　　　　　　　　총 1,122개　　인스타그램 새 피드 게시물　∨

인스타그램 : 피드용과 스토리용으로 나눠져 있습니다.

카드뉴스 : 크기는 정사각형이고, 여러 장으로 구성되어 있습니다.

웹 포스터 : 가로형, 세로형으로 나눠져 있습니다.

문서 서식 이력서 : 이력서와 자기소개에 활용하기 좋은 서식입니다.

이벤트 팝업 : 홈페이지 이벤트 공지 시 활용하기 좋습니다.

템플릿 > 로고/프로필   총 794개   로고/프로필   ⌄

로고/프로필 : 로고나 블로그, 인스타그램, 페이스북 등 프로필로 활용할 수 있습니다.

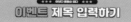  

배너 : 가로형, 세로형, 정사각형으로 나눠져 있습니다.

배경화면 : 모바일, PC 배경화면으로 나눠져 있습니다.

북커버 : 책/전자책 표지로 활용할 수 있습니다.

디지털 명함 : 가로형, 세로형으로 나뉜 디지털 명함입니다.

팬시 배너 : 정사각형, 직사각형으로 나눠져 있습니다. 팬시 배너로 사용할 수 있는 템플릿입니다.

진짜 많다, 많아!
템플릿 종류 탐구하기 (인쇄용)

미리캔버스에는 수많은 템플릿이 있어요. 웹용으로 활용하기 적합한 것과 인쇄용으로 활용하기 적합한 템플릿이 있는데, 먼저 어떻게 구성되어 있는지 살펴보면 좋겠죠? 인쇄용도 살펴볼게요!

이번에는 인쇄용 템플릿 종류를 살펴보도록 하겠습니다.

명함 : 가로형, 세로형으로 나눠져 있습니다.

스티커 : 타원형, 직사각형, 박스 포장용, 용기 포장용, 선물 포장용 등 다양합니다.

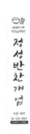

현수막 : 가로형, 세로형, 정사각형, 포스터형, 배너형이 있습니다.

배너 : 입간판 등 배너용 템플릿입니다.

포스터 : 세로형, 가로형. 벽 등에 붙여서 홍보하는 포스터입니다. 실사 크기로 지정할 수 있습니다. (ex. A1)

전단지 : 양면과 단면 템플릿이 있습니다.

종이자석 전단지 : 단면뿐만 아니라, 양면으로도 활용할 수 있습니다.

통자석 전단지 : 원형, 둥근사각형이 있습니다.

자석 오프너 : 원형, 패트형, 집게형 판촉물을 제작할 수 있습니다.

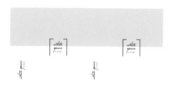

쇼핑백 : 대형, 중형, 소형 쇼핑백을 제작할 수 있습니다.

탁상 달력 : 대형, 중형, 소형 달력을 제작할 수 있습니다.

떡메모지 : 홍보 판촉물, 메뉴판 혹은 굿즈로 활용할 수 있습니다.

브로슈어 카탈로그 : 브로슈어, 카탈로그는 가로형, 세로형이 있습니다.

부채 : 부채 템플릿입니다.

홀더 : 홀더 템플릿입니다.

봉투 : 브랜드 서신 등을 담을 수 있는 봉투 제작용 템플릿입니다.

리플릿 : 리플릿 템플릿입니다. 2단, 3단이 있습니다.

티켓 : 티켓 및 종이 쿠폰 제작용 템플릿입니다. 가로형, 세로형, 절취선이 있는 티켓 템플릿이 있습니다.

어깨띠 : 어깨띠 템플릿입니다.

LED 라이트패널 : 버스정류장 등 LED 라이트패널에 넣을 수 있는 판촉물입니다. 세로형과 가로형이 있습니다.

입간판 : 소형, 중형, 대형 입간판을 제작할 수 있는 템플릿입니다.

컬러링 북 : 어린이 교육용으로 사용하기 좋은 템플릿입니다.

03

템플릿을
적용해 보자!

하고 싶은 디자인과 마음에 드는 템플릿만 있다면 바로 시작할 수 있죠:)
이번 시간에는 템플릿을 적용해 보는 실습을 해보도록 하겠습니다!

      템플릿은 앞에서도 설명했듯 틀이 짜여 있는 디자인을 의미합니다. 미리캔버스의 템플릿은 디자인 트렌드를 반영하여 주기적으로 업데이트되고 있습니다. 온라인에서 활용할 수 있는 콘텐츠, 인쇄할 때 활용할 수 있는 콘텐츠 등 콘텐츠의 활용 방향에 맞게 사용하실 수 있습니다. 템플릿은 얼마든지 원하는 대로 수정이 가능합니다. 이미지 삽입이나 색상 조절 등 편집 작업이 자유롭기 때문에 기획에 맞게 몇 가지 변화를 주어 손쉽게 나만의 디자인을 만들 수 있습니다.

템플릿 카테고리 분류 예시 – 학교/교육

템플릿을 활용하는 또 다른 방법은 바로 참고용으로 사용하는 것입니다. 참고할 수 있는 디자인을 찾는 거죠. 기존의 템플릿을 변형해 사용하는 데 익숙해지면 원하는 요소들로 새로운 디자인을 해 볼 수도 있겠다는 자신감이 생기는데요. 그럴 때 참고용으로 기존의 템플릿을 활용할 수 있습니다. 기존 템플릿의 디자인을 참고해서 나만의 개성 있는 디자인을 만드는 거죠.

그럼, 지금부터 템플릿 사용방법을 구체적으로 알아보도록 하겠습니다.

템플릿 선택

왼쪽 세로형 툴바에서 [템플릿] 탭을 클릭하면 수많은 템플릿이 콘텐츠 종류에 따라 분류되어 있는 화면을 볼 수 있습니다. 처음 사용해 보신다면 먼저 어떤 콘텐츠를 만들 수 있는지 하나하나 탐색해 보시는 것도 재밌을 거예요.

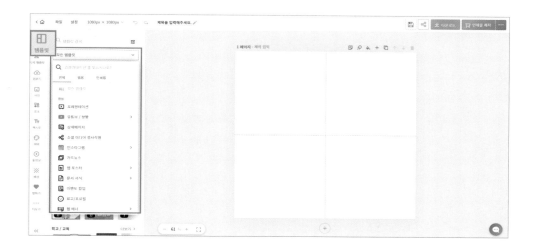

[모든 템플릿]을 선택하면 하단 사진과 같이 콘텐츠 종류에 관계없이 주제별로 보실 수 있습니다. 사진에는 음식/음료, 코로나19, 모집/공고의 템플릿이 나열되어 있는데, 시기나 상황에 따라 사용자가 많이 이용하는 주제로 목록이 바뀝니다.

검색창에 키워드를 입력하면 원하는 템플릿을 검색할 수 있습니다.

사진처럼 자신에게 필요한 콘텐츠 종류를 선택하면 그와 관련된 템플릿이 검색됩니다. 예시로 [소셜 미디어 정사각형]을 선택하면 인스타그램에 올릴 수 있는 정사각형 비율의 템플릿이 검색됩니다.

원하는 템플릿을 클릭하면 작업 슬라이드에 사진처럼 템플릿이 들어오게 됩니다. 문구와 사진, 색상 등을 편집할 수 있습니다.

간혹 작업 슬라이드의 사이즈를 맞추지 않고 템플릿을 불러와 하단 화면처럼 실수하시기도 하는데요. 원래는 검정색 테두리 정도 크기의 정사각형의 게시물을 만들려고 했는데 작업 슬라이드 크기가 가로로 긴 직사각형이라 소셜 미디어 정사각형 크기의 템플릿을 불러왔을 때 양쪽 여백이 생긴 것입니다.

1. 작업 슬라이드와 사이즈가 다른 템플릿 디자인을 적용하고 싶을 때는 [템플릿 덮어쓰기]를 클릭해 줍니다. 템플릿에 마우스 커서를 올리면 우측 하단에 더보기 아이콘이 뜹니다. 클릭 후 메뉴에서 [이 템플릿으로 덮어쓰기]를 눌러 줍니다.

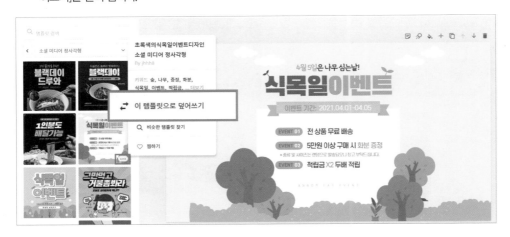

2. 좀 더 쉬운 방법으로는, 사이즈가 다른 템플릿을 적용하면 사진처럼 우측 상단에 팝업창이 뜨게 됩니다.

[디자인 불러오기 방식 선택하기]에서 [또는, 템플릿 사이즈로 변경하기]를 클릭하면 캔버스 사이즈가 템플

릿 사이즈에 맞게 변경됩니다.

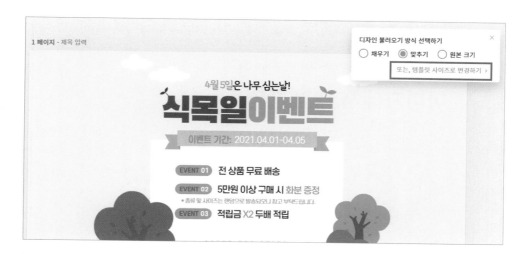

[디자인 불러오기 방식 선택하기]에서는 채우기, 맞추기, 원본 크기 수정을 적용할 수

있습니다.

TIP) 배경 없는 이미지를 템플릿에 넣고 싶다면?!

이전까지는 이미지에서 배경을 제거하려면 포토샵을 활용해야 했었는데, 좋은 사이트가 있어 여러분들께 공유합니다. 해상도가 좋은 이미지일수록 더 배경 제거가 잘되니까 사진 찍을 때부터 유의해서 찍어 주세요.

이미지에서 배경 제거(https://www.remove.bg/ko)

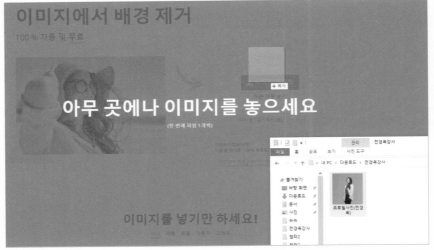

1. [이미지 업로드]를 누르거나, 외부에서 파일을 드래그 앤 드롭해서 올릴 수 있어요.

2. 자동으로 배경이 제거됩니다. 완성! 다운로드는 용량이 조금 작아요. 더 선명한 이미지를 받고 싶다면 HD다운로드(유료)를 이용하셔야 합니다.

CHAPTER 4

콘텐츠 기획하기

01

다음 장이 기대되는
카드뉴스 만들기

카드뉴스 기획하는 방법에 관해 알려드릴게요. 실질적으로 꼭 염두에 두고 진행하셔야 하는 부분이니 잘 읽고 기획과 디자인 과정에 적용해 보세요.

카드뉴스는 SNS 콘텐츠 중에서도 실용성이 좋은 콘텐츠입니다. 인스타그램이나 페이스북에서 종종 카드뉴스를 보실 텐데요. 어떤 카드뉴스에 시선이 머무르던가요? 예쁜 디자인 탓도 있지만, 끌리는 '내용' 때문에 더 읽게 되셨을 거예요. 이번 시간에는 카드뉴스 기획에 관해 알아보겠습니다.

카드뉴스 기획은 총 7단계로 이루어집니다. 1단계: 어떤 주제로 쓸 것인가? 2단계: 누가 읽을 것인가? 3단계: 어느 채널에 올릴 것인가? 4단계: 내용은 무엇인가? 5단계: 제목은 무엇인가? 6단계: 컨셉은 무엇인가? 7단계: 디자인적 요소의 배치는 어떻게 할 것인가? 이렇게 7단계로 구성되지요. 많고 복잡하게 느껴질 수 있지만 한두 번 기록하고 만들다 보면 자연스러운 흐름으로 전 과정을 이해할 수 있게 됩니다.

그다음은 카드뉴스 디자인인데, 인스타그램의 경우는 정사각형이 가장 적합하지만, 페이스북은 가로형, 세로형도 가능하기 때문에 우선 어떤 형태로 카드뉴스를 만들지 결정해야 합니다. 그리고 이미지를 강조할지 텍스트를 강조할지 카드뉴스 디자인을 생각한 뒤에 색감이나 폰트 타입 등 디테일을 조절해 줍니다.

페르소나 : 20대 대학생 시간관리가 되지 않아 걱정인….

카드뉴스를 기획할 때 가장 중요하게 생각하는 부분이 바로 '누가 읽는가?'인데요. 읽는 이의 입장을 고려하지 않으면 내가 하고 싶은 말만 하는 콘텐츠가 되기 때문입니다. 우리는 독자의 입장에서 생각하고 나아가 그 입장에 대한 공감을 통해 콘텐츠를 기획해야 합니다.

이때 '페르소나'라고 가상의 독자를 설정하면 기획이 훨씬 수월해집니다. 나이, 직업, 취미, 기호, 라이프 스타일, 요즘 가지고 있는 고민 등 가상의 인물 한 명을 정해서 그 인물이 무엇을 필요로 할지 구체적으로 고민해 보는 거죠. 그 과정을 통해 보다 쉽게 다음 장이 기대되는 카드뉴스를 만들 수 있습니다.

예를 들어 볼게요. '시간관리'라는 주제를 가지고 저는 이런 페르소나를 떠올렸습니다. '20대 대학생인데 대학에 오니 시간관리가 너무 안 되는 거예요. 고등학교 때까지는 정해진 스케줄이 있었는데, 대학생이 되니 자신의 시간을 오롯이 자신이 관리해야 하는 겁니다. 놀 땐 놀고 공부할 땐 공부하고 싶은데 뭔가 마음만 바쁘고 생산성은 낮고…' 이런 독자는 어떤 것을 필요로 할까요? 이처럼 페르소나를 설정해 두고 콘텐츠를 기획하게 되면 조금 더 독자의 상황에서 생각하게 됩니다. 같은 '시간관리'라는 주제를 가지고 콘텐츠를 만들어도 페르소나가 20대 대학생이라면 내용이 좀 다를 테니까요.

카드뉴스는 짧은 시간 안에 정보를 습득하는 게 목적이므로 길지 않아야 합니다. 먼저 텍스트의 길이로 이야기를 하자면, 페이지당 3~4줄이 넘어가면 글자도 작아지고, 내용이 많아 눈에 잘 들어오지 않습니다. 핵심을 잘 정리했다면, 최대 10장 이내로 작성하는 편이 좋습니다. 페이스북의 경우 사진 업로드 수가 80장까지 가능하지만, 인스타그램의 경우 10장이므로 채널을 고려해서 콘텐츠를 기획해야 합니다.

카드뉴스 스토리 구성 방식은 위와 같습니다. 첫 장에서는 문제를 던지고 마지막에서는 해결책을 제시하면 몰입도가 높은 카드뉴스가 탄생합니다. 스토리를 만들 때 호기심을 유도하고, 전개하고 호기심을 해소하면서 메인 메시지를 전달하는 방식으로 만드는 편이 좋습니다. 마지막 페이지에는 브랜드를 홍보하는 컷을 넣는 경우도 상당히 많습니다.

스토리를 구성했다면, 그에 맞는 이미지를 고르고, 어떤 특징을 줄 것인지 등 컨셉을 입히는 과정이 필요합니다. 핀터레스트(www.pinterest.co.kr)에서 기획한 콘텐츠와 비슷한 분위기의 카드뉴스를 찾거나, 미리캔버스에서 참고할 만한 디자인이 있는지 살펴보는 것도 도움이 됩니다.

02

유튜브, 유튜브 채널아트 &썸네일 필수요소 대방출

유튜브에서 구독자를 사로잡는 방법 중 하나가 바로 썸네일인데요. 어떤 썸네일이 효과적인 썸네일일까요? 같이 탐구해 볼게요.

썸네일. '엄지손톱'이라고 하는 뜻이지만, 창 미리보기나 축소판이라고 생각해 주시면 되겠습니다. 구독자가 처음으로 보는 화면, 영상의 첫인상을 좌우하는 화면을 썸네일이라고 부릅니다.

수많은 콘텐츠가 있는 유튜브 메인 화면

썸네일은 이미지와 글을 통해 사람들에게 영상의 내용을 향한 기대감을 불러일으키는 요소입니다. 즉, 매력적인 썸네일을 제작하는 능력은 클릭률을 높이는 유혹의 기술이라 할 수 있지요. 물론 가장 중요한 건 정보를 주거나, 재미가 있거나, 뭔가 사람들이 볼 만한 내용을 담고 있는 영상이어야 한다는 사실이겠지만요. 썸네일은 수많은 영상들 사이에서 나의 영상을 더 돋보이게 만들어 주는 간판의 역할을 한다고 생각하시면 되겠습니다.

썸네일 제작에서 가장 중요한 요인은 전달력입니다. 썸네일도 카드뉴스와 비슷한데 크게 이미지형, 텍스트형, 이미지 텍스트 복합형이 있습니다. 이미지형은 영상 중 하이라이트 부분을 캡쳐해서 테두리를 넣는 형식으로 만드는 경우가 많은데, 사실감을 전달할 수 있어 좋습니다.

텍스트형의 경우에는 정보전달 채널에서 많이 볼 수 있는 썸네일 방식으로, 텍스트만으로 전달력을 높여서 콘텐츠 클릭을 유도하는 방식입니다. 대부분의 썸네일이 화려한데, 텍스트만 있는 썸네일의 경우 화면에 보이는 요소를 최소화했기 때문에 시선을 집중시키는 '단순함'의 효과가 있어 전달력이 높다는 장점을 가지고 있습니다. 이미지 텍스트 복합형은 메인 이미지와 메인 텍스트가 동시에 있는 경우입니다. 이 스타일은 이미지 위에 글을 삽입하는 형식으로 가장 보편적인 유튜브 썸네일이라고 생각하시면 되겠습니다. 보통은 제목을 입력하는 경우가 많습니다.

짧고 굵게 소통하는 카피라이트

짧은 텍스트가 중요한 이유는 사람들이 수많은 썸네일들 사이에서 특정 콘텐츠를 볼지 말지 결정하는 데 1초도 채 걸리지 않기 때문입니다.

따라서 썸네일에 들어가는 텍스트를 삽입할 때는 카피라이트처럼 짧고 굵으면서도 간단한 문장 또는 단어를 삽입하는 편이 좋습니다. 반드시 완결된 문장이어야 할 필요도 없습니다.

미리캔버스에는 이런 썸네일 요소를 반영한 템플릿이 많이 있습니다. 앞서 배운 방법들을 적용해 나만의 썸네일을 만들어 보세요.

03

브랜드의 시각화, 로고 기획 및 디자인 로고 만들기

로고는 기업의 브랜드를 상징하는 아주 중요한 요소입니다.
이번 챕터에서는 로고의 종류와 어떻게 기획하는 것이 좋은지 생각해 볼게요.

로고는 기업의 브랜드를 상징하는 가장 대표적인 외적 콘텐츠입니다. 사람들이 로고를 봤을 때, 그 브랜드를 쉽게 떠올릴 수 있도록 만든 시각적인 장치라고 할 수 있습니다. 따라서 색감, 형태 등을 결정하는 단계에서부터 기업의 비전, 가치, 슬로건, 의미 등을 담기 위해 많은 고민을 합니다.

가장 먼저 해야 할 것은 바로 '질문'입니다. 무엇을 파는 회사인지, 주요 고객은 누구인지, 주요 경쟁사와 비교했을 때, 우리 기업이 더 나은 점은 무엇인지, 로고를 통해 사람들에게 전달하고 싶은 메시지는 무엇인저 등이요.

이러한 질문들에 답을 채우고 나면 우리 비즈니스가 무엇을 전달하고자 하는지 '한 문장'으로 정리할 수 있습니다. 꼭 비즈니스가 아니라 일반 블로거, 인플루언서를 꿈꾸는 분들도 한 번쯤 내가 이 활동을 통해 어떤 영향력을 보여 주고 싶은지 한 문장으로 정의해 보는 시간을 갖기를 권합니다. 한 문장으로 정의가 되었다면, 이를 표현할 만한 이미지나 형태를 검색하거나 그려 볼 수 있습니다.

이때 로고의 종류에 관해서도 생각해 봐야 하는데요. 사실 우리가 부르는 로고는 로고타입의 준말로 '글자'만 형상화한 것을 의미하고, 그 외에도 심벌, 엠블럼, 콤비네이션 마크 등이 있습니다.

우리에게 익숙한 로고 네 가지를 통해 구체적으로 살펴볼게요. 첫 번째는 심벌/브랜드 마크라고 부르는데 텍스트 없이 핵심 메시지를 이미지에 담은 가장 심플한 형태라고 볼 수 있습니다. 두 번째는 워드마크 혹은 로고타입으로 글자만 이용해서 만든 로고를 말합니다. 세 번째 콤비네이션/시그니처 타입은 첫 번째와 두 번째를 합친 거라고 생각하시면 돼요. 이미지만으로는 의미를 전달하기 어려울 때 이렇게 활용하는데, 많이 쓰이는 로고 형태이기도 합니다. 마지막으로 네 번째는 엠블럼 로고인데, 도형 안에 심벌과 텍스트를 같이 넣는 경우를 의미합니다. 눈에 띄게, 기억에 남게 하는 것이 로고의 본질이기 때문에 이를 고려해서 네 가지 형태 중 한 가지를 선택해서 만들어 보시면 됩니다.

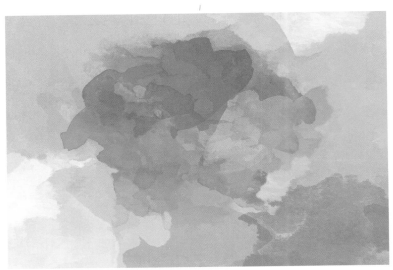

컬러로 표현하는 브랜드 이미지

다음은 컬러입니다. 브랜드를 잘 표현해 낼 수 있는 색상을 떠올려 봅시다. 각 색깔이 주는 느낌으로 로고의 의미를 표현할 수 있습니다. 색깔이 주는 의미는 앞장에서 언급했는데, 브랜드가 가진 의미를 잘 파악해 컬러를 입힙니다. 또는 브랜드 주 고객층들이 선호하는 색상을 입히는 것도 좋습니다. 예를 들어 통계적으로 20대 여성이 핑크색을 좋아한다면 20대 여성을 겨냥한 브랜드는 핑크색 로고를 만들면 브랜딩에 도움이 되겠지요.

미리캔버스는 많은 로고 템플릿이 있습니다. 단, 미리캔버스에서 만든 로고는 상표권 등록이 되지 않으니, 상표권 등록이 필요하다면 반드시 전문 디자이너를 통해 제작하시길 바랍니다.

04

'구매하기' 누르고 싶은
상세페이지 제작하기

설득의 기술! 고객들이 구매를 결정하는 중요한 포인트 중 하나가 바로 상세페이지입니다.
상세페이지를 어떻게 구성하면 좋을까요?
상세페이지 기획은 어려운 부분이지만, 기본은 알고 가시면 좋을 것 같아 준비했어요.

소비자가 브랜드의 제품을 구매하기로 결정을 내리는 데에는 몇 가지 요인이 작용하는데 그중 하나가 바로 제품의 상세페이지입니다. 개발자가 얼마나 훌륭한 상품을 개발했든 상품MD가 얼마나 합리적인 상품을 찾아 얼마에 올려든간에, 제품을 판매할 때 설명이 부족하면 상품은 설득력을 잃고 맙니다.

반대로 제품의 설명서가 자세하고, 상세페이지에서 내가 궁금해 하는 내용을 먼저 알려 주고 있다면 구매하고 싶은 마음이 더 올라가겠죠? 이게 바로 상세페이지가 하는 역할입니다. 구매자가 가진 '결핍'을 찾고 그 '결핍'을 해소해 주는 곳이라고 생각하면 되겠습니다.

따라서 상세페이지를 기획할 때는 '세일즈카피'를 기억하시면 도움이 됩니다. 결국은

동영상이나 이미지, 글로 구매를 유도하는 공간이 바로 상세페이지기 때문에 설득하는 형식의 글쓰기가 필요합니다. 세일즈카피의 패턴을 살펴보면 '문제 제기 – 해결책 제시 – 입증, 약속 – 가격, 혜택 – 행동, 요구' 이렇게 다섯 단계로 구성되어 있습니다. 먼저 문제 제기는 평소에 고객이 가졌을 결핍이나 어려움에 관해 소개하는 단계입니다. 그다음 해결책 제시 단계에서는 앞서 제시한 문제를 해결할 방법을 제안할 수 있습니다. 바로 판매하고 있는 제품이 그 해결책이 될 수 있겠죠. 세 번째는 입증, 약속 단계입니다. 고객에게 신뢰를 주는 단계인데요. 식품을 예로 들자면 엄격한 검사에 통과했다거나, 특허를 받았다거나, 제품을 사용한 고객의 후기로 제품의 신뢰성을 증명하는 단계라고 할 수 있습니다. 네 번째는 가격이나 혜택을 언급하는 단계입니다. 추가 할인을 해 주거나, 지인과 함께 구매 시 제품을 하나 더 증정해 주는 등 다양한 이벤트를 할 수 있습니다. 마지막 단계는 행동, 요구인데 이 단계에서는 구매확정이나 상담예약 등 구매자의 행동을 불러일으킬 수 있어야 합니다.

복숭아 상세페이지

설득력 있는 글쓰기로 상세페이지의 구성을 어느 정도 마쳤다면, 디자인을 해 볼 차례인데요. 먼저 모바일에서 보는 분들이 많다는 것을 전제로 상세페이지를 구성한다면 글꼴, 글씨 크기, 그리고 문장 길이 등 가독성을 고려해야 합니다.

또 상세페이지에 삽입되는 이미지의 퀄리티도 중요합니다. 구매하고 싶은 '욕구'를 불러일으키는 가장 큰 포인트는 이미지나 영상으로 결정되기 때문에 직접 예쁘게 상품을 세팅해서 사진을 찍거나, 혹은 사진작가분께 의뢰해서 제품이 가진 장점을 최대한 극대화하여 사진을 촬영하는 편이 좋겠습니다.

먹음직스러운 복숭아 사진

잘 팔리고 있는 제품의 상세페이지가 어떻게 고객을 '설득'하고 있는지 상세페이지의 구성을 벤치마킹해 보는 것도 좋은 방법인데요. 자신이 판매하고자 하는 상품을 네이버에 검색해 보고 제일 상위에 랭크된 스마트스토어의 상세페이지를 살펴보면서 감각을 길러 보시면 좋을 것 같습니다.

또, 평소에 펀딩으로 유명한 와디즈에서 성공률이 높은 제품의 상세페이지를 살펴보는 것도 상세페이지를 기획하고 구성하는 감각을 기르는 데 도움이 되겠지요. 이렇게 다른 제품들의 상세페이지를 벤치마킹하면 자신이 제작한 상세페이지의 부족한 점을 객관적으로 파악하고 보완할 수 있습니다.

　　미리캔버스에는 업종별로 상세페이지를 만들 수 있도록 구성이 되어 있습니다. 처음 상세페이지를 만들어 보신다면 나에게 맞는 업종 중 하나를 골라 멘트만 바꾸는 연습을 해 보는 것도 도움이 됩니다. 다운로드를 받을 때 [한 장의 이미지로 합치기]를 선택하시면 제작한 상세페이지를 긴 한 장의 이미지로 다운받을 수 있습니다.

05

브랜딩된 블로그는 스킨부터 다르다! 블로그 스킨 기획

요즘은 홈페이지형 블로그도 많이 만드시는데요.
미리캔버스로 간단한 블로그 스킨을 만들어 볼 수 있어요! 블로그 스킨에는 어떤 것들이 포함되어야 할까요?

대표적인 텍스트 소통 SNS인 블로그에서도 이미지는 중요합니다. 방문자가 처음 보게 되는 블로그 스킨은 내 블로그의 전반적인 이미지를 결정하는 중요한 요소입니다. 블로그의 정체성을 결정하기도 하고, 블로그를 통해 무엇을 얻을 수 있는지를 보여 주는 창이 될 수도 있습니다.

가게에 빗대어 말하면, 블로그 스킨 디자인은 간판 디자인이라고 볼 수 있습니다. 간판은 그 매장의 얼굴이 되기도 합니다. 따라서 리뷰, 뷰티, 교육 등 주제에 따라 분명한 컨셉을 가지고 블로그 스킨을 만들어 보시길 추천해드립니다.

블로그 스킨 기획 시 생각해 보아야 하는 내용은 다음과 같습니다.

1. 내 블로그의 주제는 무엇인가?

2. 내 블로그의 주제를 잘 표현하는 색상은 무엇일까?

3. 내 블로그의 주제에 어울리는 컨셉, 그리고 폰트는 무엇일까?

4. 스킨에 들어갈 내 블로그의 주제에 잘 맞는 멘트는 무엇일까?

5. (홈페이지형 블로그) 배너나 위젯에 넣을 내 블로그에서 중요한 카테고리는 무엇일까?

6. 프로필 이미지는 어떤 이미지로 설정할까?

블로그 스킨 사이즈는 ①②③ 타이틀 타입 가로 966px×세로 600px(최대), ② 화면 전체 가로 2000px×세로 600px, ③ 고해상도 가로 3000px×세로 600px로 설정하시면 됩니다.

CHAPTER 5

미리캔버스를 결과물로

01

열심히 만든 작품,
파일로 저장하기!

이번에는 잘 만든 디자인을 계정에 저장하는 방법과, 밖으로 다운로드받는 방법을 알아보겠습니다.

저장

저장 기능을 이용하려면 미리캔버스에 가입이 되어 있어야 합니다. 가입을 하지 않으셨다면 Chapter1을 참고해서 가입해 주세요.

[저장] 버튼은 파일 메뉴 안에도 있고, 아래 그림처럼 [공유] 아이콘 옆 디스켓 모양 아이콘으로도 표시되어 있습니다. 자동저장 기능을 설정해 두면 중간중간 알아서 저장되고(Chapter2 참고!) 마지막 작업이 끝날 때만 [저장]을 딱! 눌러 주시면 파일을 다운로드받을 준비를 마치게 됩니다. 템플릿은 '워크스페이스'에 저장되는데, 워크스페이스 혹은 '나의 템플릿'에서 다시 꺼내 작업하실 수 있습니다.

> ☑ TIP
>
> 파일명은 규칙을 정해 놓으면, 나중에 디자인이 쌓여도 찾기가 쉬워요.
> (ex. 날짜+콘텐츠 종류)

다운로드

내가 만든 파일을 밖으로 꺼내는 작업이 바로 다운로드입니다. 웹용, 인쇄용, 동영상 중 선택해서 파일을 다운로드받으실 수 있습니다.

① **웹용 다운로드** : 그림은 JPG, PNG로 다운받을 수 있고,

　　　　　　　　　문서는 PDF, PPT가 가능합니다.

② **인쇄용 다운로드** : 인쇄용은 JPG와 PDF로 다운받을 수 있는데, 개인/사무용 프린터 에 적합하니, 인쇄소 퀄리티를 원하실 경우는 [인쇄물 제작]을 눌 러 주세요.

③ **동영상 다운로드** : MP4, GIF로 저장할 수 있습니다.

　　　　　　　　　GIF는 '움짤'이라고 생각해 주시면 돼요.

TIP) RGB와 CMYK란?

RGB와 CMYK를 들어 보신 적 있나요? RGB는 빛의 삼원색이고, CMYK는 색의 삼원색입니다. 즉, 모니터로 보이는 색은 RGB, 출력해서 보는 색은 CMYK라는 거죠. 미리캔버스에서는 .RGB기반으로 색출력을 하다 보니 가정용 컴퓨터에는 적합하지만, 인쇄소에 맡기게 되면 원하는 색상의 인쇄물을 얻으실 수가 없어요. 정교한 출력물을 원할 때는 비즈하우스를 이용해서 출력하시는 걸 추천드립니다:)

활용도 200%
'공유하기'

활용도 200%라고 불러도 아깝지 않은 공유하기 기능.
어떻게 사용할 수 있을까요? 지금 알려드릴게요.

미리캔버스에서 편집한 디자인을 다른 사람들에게 공유할 수 있습니다.

공유

다운로드 옆 [공유] 아이콘을 클릭합니다.

[디자인 문서 공개] 옆 버튼을 눌러 기능을 활성화하면 파일이 공유 가능한 상태가

됩니다.

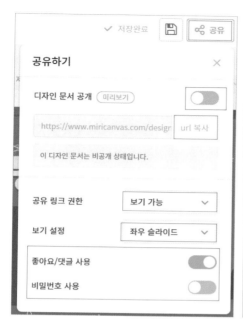

문서를 공개하면, 링크 url 복사 및 SNS로 공유할 수 있습니다.

공유 링크 권한 : [보기 가능] 또는 [복제 가능] 중 선택.

　　　　　　공유된 문서 수정 권한 여부를 결정합니다.

보기 설정 : [좌우 슬라이드] 또는 [상하 스크롤] 중 편한 보기 방식을 선택합니다.

비밀번호 사용 : 비밀번호를 아는 사람들만 파일을 열어볼 수 있습니다.

TIP) 200% 활용하기!

여러분, 미리캔버스에서 공유 뷰어만큼 열일하는 기능이 또 없는 것 알고 계시죠?
공유 뷰어에서는 구글이나 네이버 폼 등 설문 링크, QR코드, 동영상 등 다양한 기능을 활용해
보실 수 있습니다. 사람들의 참여를 유도하는 콘텐츠를 만들었다면 공유 뷰어를 활용해 전달
해 보세요!

03

인쇄물
만들기

요즘은 자체 굿즈 제작이 유행이죠?
인쇄물 제작도 미리캔버스와 함께라면 쉽게 하실 수 있어요!
미리캔버스의 패밀리 사이트인 비즈하우스가 있거든요. 소량 인쇄도 가능하고 무엇보다 고퀄이랍니다!

미리캔버스에서 만든 디자인을 인쇄출력 전문 서비스 업체인 비즈하우스를 통해 명함, 포스터 등 인쇄물로 제작주문할 수 있습니다.

에디터에서 주문

상단 메뉴바 우측 상단의 [인쇄물 제작] 버튼을 클릭하고 제작할 인쇄물 유형을 선택합니다.

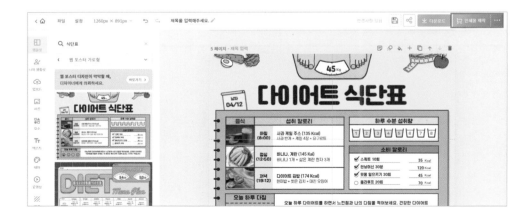

인쇄물 유형 선택의 예시입니다. (실사출력)

비즈하우스에 로그인 후 주문 옵션을 선택하면 미리캔버스 에디터가 열립니다. 출력할 디자인을 최종 확인한 뒤 [장바구니 추가]를 선택하고 결제하면 주문이 완료됩니다.

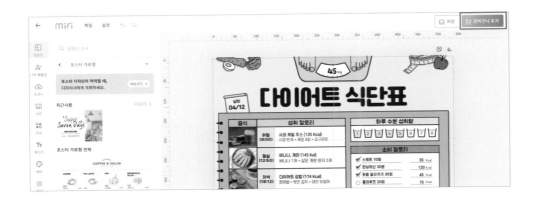

워크스페이스에서 주문

워크스페이스 [내 디자인] 목록에서 인쇄하고자 하는 작업물에 마우스 커서를 올리면 더보기 아이콘이 뜹니다. 클릭 후에 [인쇄물 제작하기]를 누릅니다.

☑ TIP

미리캔버스의 디자인 작업물을 비즈하우스에서 출력할 시, 두 사이트의 ID가 동일해야
연동이 됩니다. 예를 들어, 미리캔버스에서 소셜 계정 가입으로 네이버의 'miricanvas'라
는 아이디를 사용해 가입했다면, 비즈하우스에서도 '소셜 계정 가입-네이버-miricanvas'
로 가입하셔야 미리캔버스의 디자인 파일을 불러올 수 있습니다.

스마일캣에서 주문

포토북 전문 서비스 업체인 스마일캣은 미리캔버스의 또 다른 패밀리 사이트로 사진

인화, 굿즈/팬시 제작 등이 가능한 인화 전문 사이트입니다.

이제는 실전!

탄탄한 기본기를 바탕으로 챕터6에서는 저와 함께 실습을 해보도록 할게요! 준비되셨죠?

챕터1부터 챕터5까지는 미리캔버스 사용법을 익히고 나아가 콘텐츠의 유형에 따른 기획 방법을 배웠습니다. 어떠세요? 미리캔버스가 있다면 셀프마케팅 어렵지 않겠죠? 6장에서는 지금까지 배운 기능을 사용해 직접 콘텐츠를 제작해 볼 예정입니다. 간략히 말하면 이제는 실전편인 셈이죠.

독자분들의 컴퓨터 사용 경험과 능력의 편차가 클 것으로 생각되어 기능을 익히는 것을 목표로 실습을 준비했습니다. 글자 바꾸기부터 차근차근 난이도를 올려 진행되니 천천히 따라와 주세요.

주로 템플릿을 변형시키는 예제를 포함했지만, 미리캔버스에는 응용 소스가 많습니다. 자신만의 템플릿을 만들어 보는 것을 목표로 꾸준히 다양한 시도를 해 보세요.

CHAPTER 6

이제는 실전이다! 콘텐츠 제작

01

인스타그램
홍보물 만들기

요즘 많이 하는 인스타그램 광고!
그냥 광고하시는 것보다 예쁘게 카드뉴스로 이벤트를 구성해서 광고하면 더 많은 고객이 유입되겠죠?
저를 따라 시작해 주세요.

지금부터 예제를 가지고 다양한 유형의 콘텐츠를 직접 제작해 보도록 하겠습니다. 예제별로 '따라 하기 QR코드 동영상'을 수록해 두었으니, 책으로 이해가 잘되지 않는 부분은 영상으로 확인해 보세요.

먼저, 가장 활용도가 높은 카드뉴스로 인스타그램 이벤트 홍보물을 만들어 볼게요.

앞 챕터에서 설명했지만, 다시 한번 짚고 넘어갈게요. [새 문서 만들기]에서 콘텐츠 카테고리를 보면 카드뉴스와 소셜미디어 정사각형이 있어요. 둘 다 크기는 1080px× 1080px로 같지만 쓰임이 조금 다릅니다. 카드뉴스의 경우 여러 장으로 구성되어 있고 소셜미디어 정사각형의 경우에는 한 장으로 되어 있는데요. 템플릿 좌측 하단을 보면 몇 장으로 구성되어 있는지 숫자가 적혀 있어요. 숫자가 없는 건 한 장입니다. 대부분 카드뉴스는 5~10장 정도로 구성되어 있고 오른쪽 소셜미디어 정사각형의 경우는 한 장으로 구성되어 있는데 많은 정보를 담을지, 한 장에 임팩트 있는 정보를 담을지에 따라 골라 쓰시면 됩니다.

저는 보통 1. 목적, 2. 타깃(누가 읽는지), 3. 주제, 4. 제목, 5. 내용, 6. 톤앤매너(글꼴, 색감 등), 7. 컨셉 등의 순서로 콘텐츠의 기획 방향을 구체화하는데요. 나름 머릿속에 있는 내용과 디자인을 정리해서 빈 종이에 배치해 보는 작업을 거친 뒤에 미리캔버스의 템플릿을 보면서 구상한 내용과 비슷한 템플릿이 있는지 찾아보는 편입니다. 이 콘텐츠로 어떤 성과를 내고자 하는지 목표도 정해 보고요.

많은 시간을 두고 어떻게 기획할지 고민하는 편이지만, 이번 챕터의 목표는 미리캔버스의 여러 가지 기능을 익히는 것이기 때문에 기획은 간략하게만 다루겠습니다.

:: 인스타그램 이벤트 홍보물 만들기 기획 ::	
목적	인스타그램 이벤트
타깃	미리피자 고객님들
제목	화이트데이 이벤트 안내
내용	3월 화이트데이 이벤트 후기, 해시태그 쓰면 상품 제공
색감	진한 노란색
실습 레벨	★★

화이트데이를 맞이해서 3월 한 달간 후기와 해시태그 이벤트를 한다고 가정하고, 제
작을 시작해 보도록 하겠습니다. 따라 하기 쉽게, 각 이미지 안에 번호를 입력해 놓았으
니 번호대로 천천히 설명을 따라오시면 돼요:)

1. 템플릿 선택하기

① 모든 실습은 캔버스 크기를 맞추는 것부터 시작됩니다. 습관 들이기! 카드뉴스의 경우 미리캔버스

기본 설정이니, 따로 크기 변환 안 하셔도 돼요.

② 템플릿 종류를 [소셜 미디어 정사각형]으로 맞춰 주시고, 바로 위 돋보기 모양의 아이콘이 있는

　검색창에 '인스타그램'이라고 입력해 주세요.

③ 빨간색 박스로 표시해 둔 템플릿을 클릭해 주세요.

2. 텍스트 바꾸기

이번에는 사진에 있는 텍스트를 수정해 보겠습니다. 텍스트는 더블 클릭하면 수정하

실 수 있어요.

① Miricanvas_pizza

②,③,④ 미리피자

3. 원하는 이미지 넣기

이번에는 이미지를 넣어 보겠습니다. 핸드폰 화면에 피자 이미지를 넣어 볼게요.

① [사진] 탭을 클릭합니다.

② 돋보기 모양 아이콘이 있는 검색창에 '피자'를 입력합니다.

③ 마음에 드는 사진을 골라 마우스로 템플릿상의 핸드폰 이미지에 드래그 앤 드롭하면 핸드폰 모양의 프레임 안으로 이미지가 쏙 들어갑니다.

4. 배경색 바꾸기

이번에는 배경색을 바꿔 볼게요. 기획서에 작성한 대로 진한 노란색으로 변경해 보겠습니다.

① 왼쪽 [배경] 탭을 눌러 주세요.

② [배경] 메뉴 상단에 있는 [단색] 옆 네모 박스를 누르면 다양한 색이 담긴 팔레트가 나와요.

③ 팔레트 아래쪽에 진한 노란색을 클릭해 주면 배경색상 변경 성공적.

5. 부분 디자인 색상 변경하기

이번에는 템플릿 하단의 직사각형 색을 바꿔 볼게요.

① 직사각형 클릭

② [색상] 옆 네모 박스를 눌러 주세요.

③ 기존 팔레트에 없는 색 쓰고 싶을 때엔 직접 찾아 쓸 수 있어요. 무지개색 버튼을 눌러 주세요.

④ 커서를 옮겨 가며 적절한 색상을 찾아 주세요. 저는 진한 갈색을 선택했습니다.

6. 글자색 바꾸기

배경이 밝을 때는 어두운색 글자를, 배경이 어두울 때는 밝은색 글자를 사용하면 문구가 더 잘 보이겠죠. 글자 전체 색상을 바꾸고 싶으면 글자를 한 번 클릭하고 색상을 바꾸면 됩니다. 이번에는 부분적으로 글자색을 바꾸는 방법을 연습할게요.

① 글자 박스를 더블 클릭합니다. 따닥!

② '인증샷 올리면'이라는 문구 앞에 마우스 커서를 두고, 옆으로 드래그해 주세요.

③ [글자색] 옆 색상 박스를 눌러 주세요.

④ 검정색으로 색상을 바꿔 주세요.

이렇게 해서 총 여섯 단계 만에 인스타그램 홍보용 카드뉴스가 완성되었습니다! 어떠세요? 인스타그램 홍보, 생각보다 어렵지 않구나 하는 생각이 드나요? 그렇다면 성공적!

제작한 파일을 다운로드하는 방법은 챕터5에서 살펴보았으니, 헷갈린다면 다시 한번 확인하거나, 동영상을 시청해 주세요.

그럼 다음 장에서는 포스터를 만들어 볼게요:)

미리캔버스 따라 하기!

카드뉴스 만들기
https://youtu.be/X1uPbJAAECE

02

포스터 만들기

가족 행사부터 기관 홍보까지. 포스터는 온라인과 오프라인 모두 활용도가 높아요.
내용만 잘 기획되어 있다면 아주 쉽게 만들 수 있어요!

이번 시간에는 포스터를 만들어 볼게요. 포스터는 가로형과 세로형이 있지만, 실습에서는 세로형을 만들어 보도록 하겠습니다. 기존 템플릿에서 글자나 요소를 바꾸는 간단한 작업만으로도 멋진 포스터를 만들 수 있어요. 그럼, 시작할게요!

:: 포스터 만들기 기획 ::

목적	플리마켓 참여 팀 모집
타깃	미리마을 주민들
제목	사장님으로 모십니다! 플리마켓:)
내용	2022년 4월 23일 (토) 10시~12시 미리공원 분수대 앞 2022년 4월 16일 (토) 10시 사전미팅 선착순 10팀
색감	꽃분홍색 포인트
실습 레벨	★★

1. 캔버스 크기 설정하기

① 캔버스의 크기를 설정 해 볼게요. 상단의 메뉴에서 픽셀설정 박스를 눌러 주세요.

② [웹포스터]를 클릭한 뒤 [세로형]을 클릭할게요.

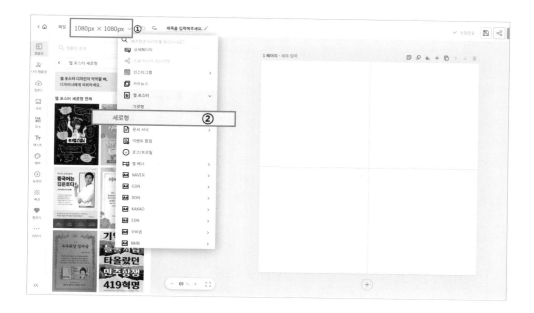

2. 템플릿 불러오기

① [템플릿] 메뉴에서 검색창에 '공고'라고 검색해 볼게요.

② 빨간 박스로 표시해 둔 템플릿을 불러옵니다.

3. 포스터 내용 수정하기

글자 바꿀 때는 더블 클릭하시는 거 아시죠?

① ~ ⑦번까지 내용을 바꿔 보겠습니다. 다른 글꼴로 바꿔 보셔도 좋아요.

4. 요소 삭제하기

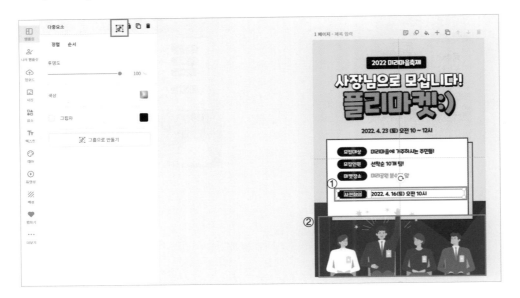

① [ctrl] 키를 누른 상태로 '사전회의'와 오른쪽에 '2022.4.16(토) 오전 10시' 부분을 클릭해서 다중요소 상태로 만들어 보세요. 키보드의 방향키를 활용하면 마우스보다 훨씬 편하게 요소를 이동할 수 있습니다. 요소 간 간격이 일정하도록 변경해 주세요.

② 아래 요소는 내용에 맞게 바꾸기 위해, 삭제할게요. 한 번 클릭하고 키보드의 [delete] 키나, 마우스 우버튼을 누르고 [삭제]를 클릭해 주세요.

5. 글자색 바꾸기

이번에는 글자색을 바꿔 볼게요.

① 먼저 제목인 '플리마켓'을 클릭합니다.

② [글자색] 옆 색상 박스를 누르고 원하는 색상을 선택합니다.

③ 팔레트에 원하는 색이 없을 경우, 무지개색상 박스를 클릭합니다.

④ 마음에 드는 색을 직접 지정합니다.

⑤ 제목 외에 포인트가 되는 내용을 클릭, 색상을 바꿔 줍니다. 제목에서 사용한 색상이라 팔레트에 있어요!

6. 요소 바꾸기

플리마켓이라는 주제에 맞는 요소를 삽입해 볼게요.

① [요소] 탭을 클릭합니다.

② 돋보기 모양의 아이콘이 있는 검색창에 '플리마켓'이라고 검색합니다.

③ 빨간 박스로 표시해 둔 요소를 캔버스에 놓고 크기를 맞춰서 아래쪽에 배치하면 끝!

7. 요소 추가하기

플리마켓 일시를 강조하기 위해, 리본 이미지를 넣어 볼게요.

① [요소] 탭을 클릭합니다.

② 검색창에 [리본]을 검색!

③ 예쁜 분홍색 리본을 클릭합니다. 개인의 취향에 따라 다른 리본을 선택해도 좋아요.

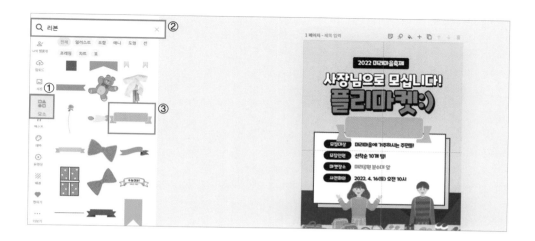

8. 요소의 배치 순서 설정하기

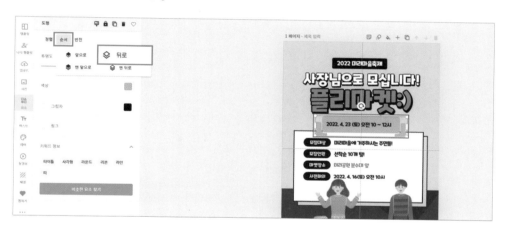

리본이 텍스트 위에 있어 글자가 보이지 않을 때는 좌측 탭에서 [순서]를 누르고 [뒤로]를 누르면 텍스트 뒤로 리본을 옮길 수 있어요. 그리고 나서 다운로드!

미리캔버스 따라 하기!

포스터 만들기
https://youtu.be/3pLSRQN3JRQ

03

로고 만들기

인스타그램과 블로그를 통해 많은 사람들이 활용하고 있는 공동구매! 혹시 세포마켓에 관심이 있으신 분들은 이번 장에서 마켓 이름도 지어 보시고, 로고 만들기도 실습해 볼게요.

이번 시간에는 로고를 만들어 볼게요. 로고는 단순해 보이지만, 브랜드를 대표하는 역할을 하기에 많은 의미와 가치를 내포하고 있어 디자인이 어렵습니다. 정말 제대로 로고를 만들고 싶거나, 상표권을 등록하고 싶다면 미리캔버스에서 만든 로고는 저작권상 상표권 등록이 어려우니 전문디자이너에게 의뢰하시길 추천드립니다.

:: 로고 만들기 기획 ::

목적	유아 옷 공동구매 마켓 로고 만들기
제목	유니크베베
컨셉	아이들을 떠올릴 수 있는 귀여운 느낌
색감	파란색 계열, 분홍색 계열
실습 레벨	★★

1. 캔버스 크기 설정하기

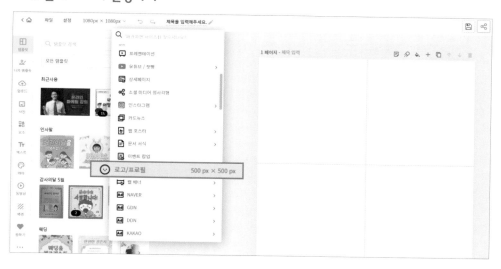

① 항상 첫 번째는 캔버스 크기 설정부터. [로고/프로필]로 설정해 주세요.

2. 로고 불러오기

① [템플릿] 메뉴에서 돋보기 아이콘이 있는 검색창에 '아동'을 입력해 볼게요.

② 빨간 박스로 표시해 둔 로고를 불러옵니다.

3. 텍스트 수정하기

① 텍스트 박스를 더블 클릭해서 '유니크'라고 글자를 바꿉니다.

② '유니크' 부분을 드래그한 상태에서 [글자색] 옆 색상 박스를 클릭합니다.

③ 색상을 바꿔 줍니다.

4. 글꼴 바꾸기

귀여운 느낌을 주기 위해 글꼴을 바꿔 볼게요.

① '유니크베베' 텍스트 박스를 클릭합니다.

② [나의 템플릿]에서 글꼴 박스 열기!

③ [배스킨라빈스 B] 글꼴을 선택합니다.

5. 로고 일러스트 바꾸기

이번에는 그림과 글자가 일직선상에 놓이도록 로고를 바꿔 볼게요. 남자아이 일러스트 주변에 별이 너무 많아 좀 깔끔한 이미지를 넣고 싶어요. 한번 찾아볼게요.

① 기존 요소(남자아이 일러스트)를 클릭합니다.

② 왼쪽 메뉴 하단에 [비슷한 요소 찾기]를 클릭하면 오른쪽 창처럼 비슷한 요소들이 보여요.

③ 캔버스 위 [+] 버튼을 눌러 한 페이지를 추가해 주세요.

④ 새로운 캔버스 위에 별이 없는 요소를 클릭해 주시면 준비 끝!

6. 요소 재배치하기

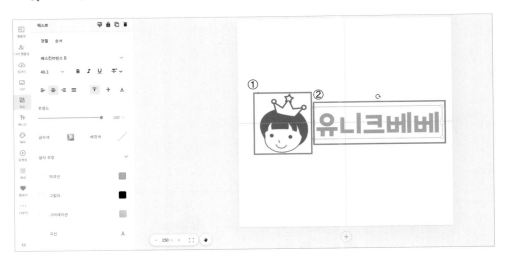

① 가져온 요소를 재배치합니다.

② 앞 장에서 작업하던 로고의 '유니크 베베' 텍스트를 [복사]-[붙여넣기]하고 비율을 조정하면 완성!

미리캔버스 따라 하기!

로고 만들기
https://youtu.be/ycyklUvQraA

미리캔버스

04

썸네일 만들기

유튜브 영상의 장면을 캡처하면 쉽고 빠르게 사실감 있는 썸네일을 만들 수 있어요. 예제를 통해 하나씩 배워 볼게요.

유튜브 썸네일은 보통 영상의 한 장면을 캡처해서 사실감 있게 전달하는 경우가 많은데요. 이번에는 미리캔버스에 있는 이미지를 사용해 썸네일을 만들어 볼게요!

∷ 유튜브 썸네일 만들기 기획 ∷

목적	자취요리 유튜브 썸네일
타깃	자취생, 초보 주부
내용	5분이면 요리 뚝딱! 전주비빔밥
실습 레벨	★★★

1. 캔버스 크기 설정하기

이쯤 되면 제가 뭘 할지 아시죠? 바로 캔버스 크기 설정부터! [유튜브/팟빵]-[썸네일]로 잘되어 있는지 확인해 주세요.

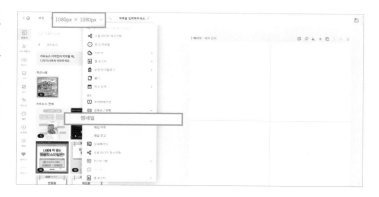

2. 알맞은 이미지 넣기

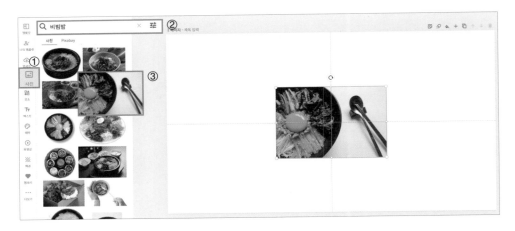

① [사진] 탭을 누릅니다.

② 돋보기 모양의 아이콘이 있는 검색창에 '비빔밥'을 입력합니다.

③ 네모 박스로 표시한 이미지를 불러옵니다.

3. 이미지 배경으로 만들기

① 이미지를 클릭한 후 좌측 상단 ② [더 보기] 메뉴를 클릭한 후, [배경으로 만들기]를 선택하세요.

 – 배경으로 이미지를 사용할 경우 해상도가 좋아야 깨지지 않아요.

4. 그라데이션 마스크

이미지 위에 글자를 쓸 수 있도록 그라데이션 마스크 기능을 배워 볼게요!

① 배경 이미지를 클릭합니다.

② [배경 편집]을 누릅니다.

③ 하단에 [그라데이션 마스크] 메뉴를 클릭합니다.

　– 방향과 범위에 따라 그라데이션이 다르게 적용돼요.

　– 그라데이션 색상은 배경색에 따라 결정돼요. 즉, 그라데이션 색을 변경하고 싶다면 배경색을

　　변경하시면 됩니다.

5. 텍스트 입력하기

① [텍스트] 메뉴를 클릭하세요.

② [제목 텍스트]를 클릭하세요.

　– [제목 텍스트], [부제목 텍스트], [본문 텍스트] 아무거나 눌러 주세요. 어차피 수정할 거니까요.

③ 텍스트 박스가 캔버스에 들어오면 원하는 문구를 채워 주세요.

6. 텍스트 입력하기

① 텍스트 박스를 더블 클릭한 후 '5분이면 요리 뚝딱!'을 입력합니다. (졸리다miri체)

② 텍스트 박스를 더블 클릭한 후 '전주비빔밥 레시피'를 입력합니다. (배민을지로10년후체)

③ 글꼴을 바꿔 줍니다.

④ 글자를 가운데 정렬로 맞춰 줍니다.

7. 외곽선 넣기

이번에는 글자에 외곽선을 넣어 보겠습니다.

① 텍스트 박스 '5분이면 요리 뚝딱!'을 클릭합니다.

② [외곽선]을 클릭합니다. 색은 흰색으로 표시했고, 두께는 20 정도가 적당합니다.

③ 다시 텍스트 박스 '전주비빔밥 레시피'를 클릭합니다.

④ [글자 조정]을 눌러 줍니다. 자간과 행간, 장평을 조정할 수 있어요.

⑤ 자간을 -8로 조정합니다. 자간이 살짝 좁으면 쫀쫀한 폰트 느낌을 낼 수 있어요.

⑥ 외곽선은 노란색으로 하고 두께를 조정해 줍니다.

8. 스타일 활용하기

이번에는 스타일 글꼴 활용 방법을 알아볼게요.

① [텍스트] 메뉴를 클릭합니다.

② 스타일을 클릭합니다.

③ 빨간 박스로 표시한 스타일 글꼴을 눌러 줍니다.(첫 번째 페이지에 해당 스타일 글꼴이 없다면 검색

창에 '명장면'이라고 검색해 주세요.)

9. 스타일 글꼴 수정하기

스타일 글꼴을 수정하는 방법을 알아볼게요. 수정하고 싶은 글자 위를 더블 클릭하면 글자를 수정할 수 있고, 폭이나 넓이 등 전반적으로 수정하고 싶다면 그룹해제를 해 주세요.

① 캔버스 위의 스타일 글꼴 박스 클릭

② 그룹해제 '자취생TV' 입력 후 폭 조정

10. 요소로 꾸미기

이번에는 썸네일을 꾸며 줄 요소를 하나 넣어 볼게요. 저는 비빔밥에 빠질 수 없는 계란프라이를 넣어 봤어요.

① [요소] 메뉴를 클릭합니다.

② 검색창에 '계란'을 입력합니다.

③ 예쁜 계란프라이 일러스트를 추가해 주세요.

④ 원하는 위치에 배치해 주세요. 혹시 글자를 가린다면 우리 앞에서 [순서] 메뉴 연습했죠? [순서]를 클릭하고 [뒤로]! 보내 주세요:)

11. 테두리 넣기

테두리는 넣어 줘도 되고, 안 넣어 줘도 되지만, 그래도 한번 해 볼까요?!

① [요소] 탭을 클릭합니다.

② [도형] 탭 클릭 후 [사각형/네모]에서 도형을 클릭합니다. (검색하셔도 돼요.)

③ 테두리만 있는 사각형을 클릭해 주세요.

　– 테두리의 굵기는 사각형의 꼭짓점을 클릭해서 움직여 주시면 얇게 또는 굵게 조절이 가능해요.

④ 도형이 작업 슬라이드에 들어옵니다.

12. 테두리 색상 변경하기

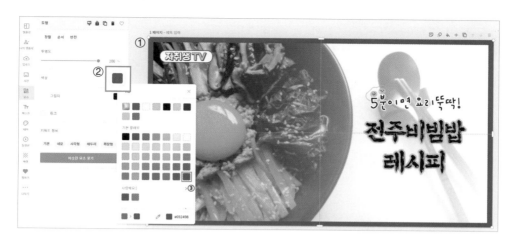

① 캔버스 안에서 테두리를 클릭합니다.

② [색상] 옆 박스를 누릅니다.

③ 마음에 드는 색을 클릭하면 테두리 색상 변경 끝! 이제 파일을 다운로드받으세요:)

미리캔버스 따라 하기!

유튜브 썸네일 만들기
https://youtu.be/QLm-1JGBuYA

05

상세페이지
만들기

내 제품을 스마트스토어에, 물론 상세페이지는 많은 기획적 요소가 필요하지만,
'이렇게 만들 수 있구나~'라고 연습하면서 자신감을 업! 해 볼게요.

상세페이지는 고객의 결핍을 제시하고, 해결해 주는 페이지입니다. 어떻게 설득하느냐

가 중요하기 때문에 다른 잘 팔리는 제품의 상세페이지들을 많이 참고하고 분석해 보면

좋을 것 같아요. 지금은 일단 만들어 보는 걸로:) 조금 호흡이 기니까, 천천히 따라와 주

세요!

:: 상세페이지 만들기 기획 : :

목적	스마트스토어 제품 소개
타깃	40~50대 주부
주제	자색 양파즙
색감	자주색
실습 레벨	★★★

1. 캔버스 크기 설정하기

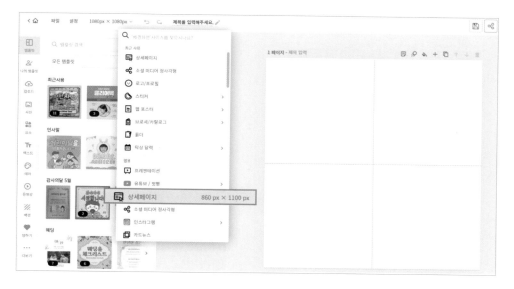

아무리 강조해도 지나치지 않는 단계! [상세페이지] 클릭해 주세요.

2. 템플릿 덮어쓰기

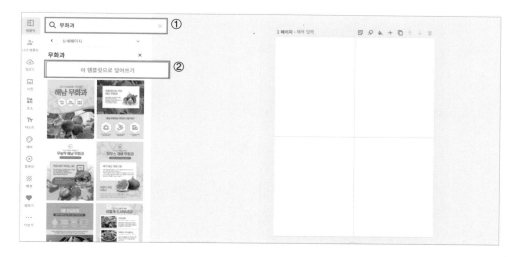

① 돋보기 모양 아이콘이 있는 검색창에 '무화과'를 입력해 주세요.

② [이 템플릿으로 덮어쓰기]를 클릭해 주세요. 그럼 상세페이지 전체를 불러올 수 있습니다.

3. 글 내용 변경하기

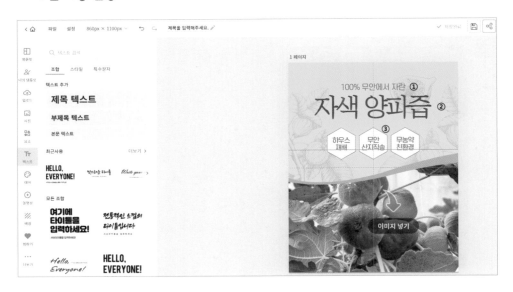

글 내용을 변경해 보겠습니다. 캔버스 위의 텍스트를 더블 클릭하면 글자를 수정할 수 있어요.

① '100% 무안에서 자란'

② '자색 양파즙'

③ '무안 산지직송'

4. 이미지 변경하기

프레임에 있는 이미지를 '자색양파'로 바꿔 볼게요.

① [사진] 탭을 클릭해 주세요.

② 검색창에 '자색양파'를 입력해 주세요.

③ 마음에 드는 이미지를 마우스로 드래그 앤 드롭하면 끝!

　– 이미지가 마음에 들지 않게 삽입되었다면?

이미지를 더블 클릭하면 움직일 수 있어요. 더블 클릭해서 구도를 잘 맞춘 뒤 ∨표시를 눌러 주세요.

5. 일러스트 바꾸기

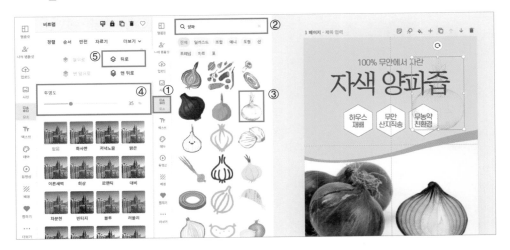

제목 우측에 무화과 모양 일러스트가 희미하게 입혀져 있는데요. 다 지워 주시고, 양파 일러스트 하나만 넣어 보도록 할게요. 이미지에 있는 숫자를 잘 보고 따라와 주세요.

① [요소] 탭을 클릭해 주세요.

② 돋보기 모양의 아이콘이 있는 검색창에 '양파' 입력

③ 빨간 박스로 표시된 양파를 입력해 주세요.

④ 투명도를 35%로 조절해 주세요.

⑤ [순서] 탭의 [뒤로] 버튼을 여러 번 클릭해서 글씨 뒤로 양파 이미지를 배치합니다.

6. 배경색 바꾸기

배경색을 자색으로 바꿔 볼게요.

① [배경] 탭을 클릭하세요.

② [단색] 옆 색상 박스를 눌러 주세요.

③ [스포이트] 아이콘을 눌러 주세요.

④ 양파 이미지 위에 스포이트를 대고 알맞은 색상을 선택해 주세요.

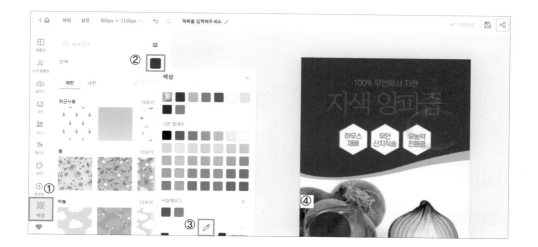

7. 글자색 바꾸기

① '100% 무안에서 자란' 텍스트 박스를 클릭한 뒤 흰색을 클릭해 주세요.

② '자색 양파즙' 텍스트 박스를 클릭한 뒤 연한 분홍색을 클릭해 주세요.

8. 사진 넣기

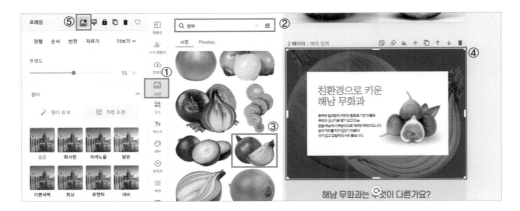

① [사진] 탭을 클릭해 주세요.

② 검색창에 '양파'를 입력해 주세요.

③ 빨간 박스로 표시된 양파 이미지를 선택해 주세요.

④ 마우스로 드래그 앤 드롭해서 프레임에 놓아 주세요.

⑤ 프레임을 클릭한 뒤 왼쪽 [편집] 탭에서 빨간 박스로 표시된 [잠금] 버튼을 눌러 주세요.

    – [잠금] 버튼을 눌러 주어야 그 위에 다른 이미지를 놓았을 때, 프레임 안에 삽입되지 않아요.

9. 이미지와 글 수정하기

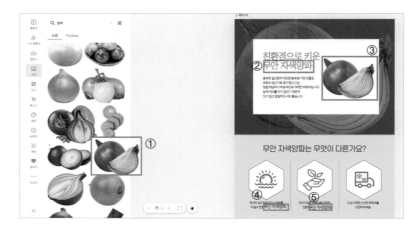

① 빨간 박스로 표시해 둔 양파 사진을 클릭합니다.

② 드래그 앤 드롭해서 흰색 박스 안에 양파 사진을 삽입하고, 크기를 조정합니다.

③ 텍스트 박스를 더블 클릭해서 내용을 바꿉니다. '무안 자색양파'

④ '무안 자색양파'로 바꿔 주세요.

⑤ '무안 자색양파'로 바꿔 주세요.

10. 요소의 색상 변경하기

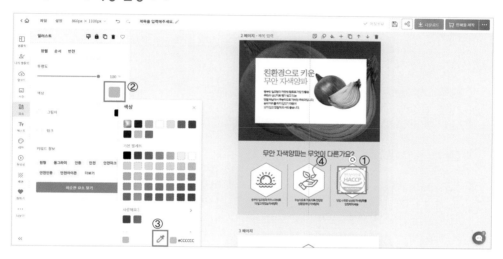

① [요소] 탭을 클릭하고, 검색창에 '해썹'을 검색한 후 회색 요소를 넣습니다.

② 삽입된 '해썹마크'를 클릭한 후 [색상] 박스 버튼을 클릭합니다.

③ [스포이트]를 클릭합니다.

④ 기존 이미지 위에서 알맞은 색상을 선택하면 '해썹마크'의 색상이 변경됩니다.

11. 박스 색상 변경하기

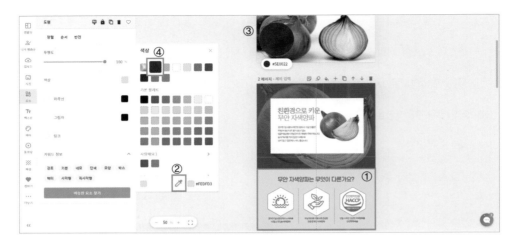

① 흰 박스 아래에 위치한 연한 분홍색 박스를 클릭합니다.

② 왼쪽 [색상] 탭 옆 박스를 누르고, [스포이트]를 클릭합니다.

③ 캔버스 위 양파에 스포이트를 놓고 클릭합니다.

④ 스포이트로 클릭하지 않아도, 기존 팔레트에 저장되어 있는 색상을 클릭하시면 바꿀 수 있어요.

12. 텍스트 색상 변경하기

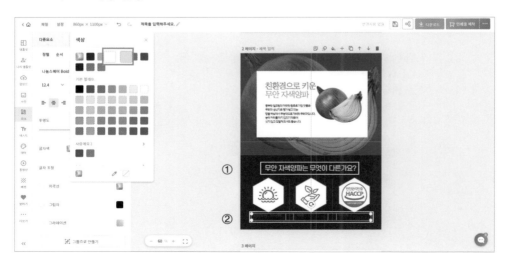

① 색상을 변경할 텍스트 박스를 클릭하고, [색상]에서 연한 분홍색을 클릭합니다.

② [Ctrl] 키를 누르고 설명이 적힌 텍스트 박스를 하나씩 클릭하면 다중요소가 됩니다. 다중요소로 만들면 한 번에 색상 변경을 할 수 있어요.

13. 필요한 상세페이지만 선택해 추가하기

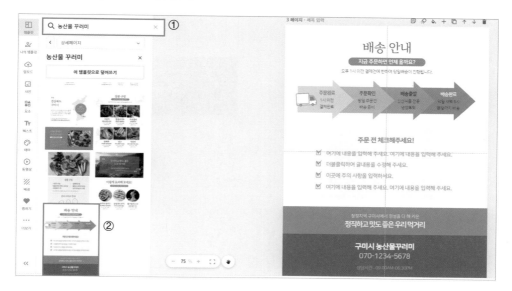

필요 없는 장들은 다 지우고, 다른 템플릿에서 필요한 페이지만 가져올 수 있어요.

① [템플릿]에서 돋보기 모양 아이콘이 있는 검색창에 '농산물 꾸러미'를 입력합니다.

② 빨간 박스로 표시된 맨 마지막 장만 클릭해서 가져옵니다.

14. 요소의 색상 변경하기

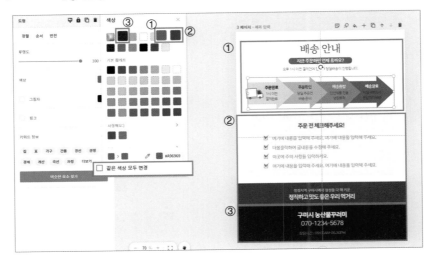

① 오른쪽 캔버스 ①번 박스 안에 있는 요소를 클릭해 좌측 ①번 색상으로 바꿔 줍니다.

② 오른쪽 캔버스 ②번 박스 안에 있는 요소를 클릭해 좌측 ②번 색상으로 바꿔 줍니다.

③ 오른쪽 캔버스 ③번 박스를 클릭해 좌측 ③번 색상으로 바꿔 줍니다.

15. 상세페이지 다운로드하기

다운로드 시 [한 장의 이미지로 합치기]를 설정하고 다운로드를 받으면 긴~ 상세페이지로 활용할 수 있습니다.

미리캔버스 따라 하기!

상세페이지 만들기
https://youtu.be/QLm-1JGBuYA

블로그
스킨 만들기

블로그의 간판이 되는 스킨 만들기. 이제 밋밋한 기본 스킨은 그만! 미리캔버스로 나만의 개성 있는 블로그 스킨을 만들어 볼게요.

　　마지막으로 만들어 볼 콘텐츠는 PC 버전 블로그 스킨입니다. SNS마케팅을 할 때, 필수로 시작하는 채널이 블로그다 보니, 스킨 꾸미기에도 다들 관심이 많으신데요. 디자이너에게 의뢰해서 홈페이지형 블로그 스킨을 멋지게 만들어 보는 것도 좋지만, 그보다 더 중요한 것은 꾸준한 콘텐츠 업로드입니다. 처음에는 미리캔버스를 활용해서 만들어 보고, 콘텐츠를 꾸준히 잘 올릴 수 있겠다는 생각이 들면 그때 디자이너에게 의뢰하셔도 늦지 않을 거예요!

∷ 블로그 스킨 만들기 기획 ∷

목적	할인 안내
타깃	미리클로젯 고객님
제목	미리클로젯 70% 할인
색감	벚꽃 느낌
실습 레벨	★★★★

1. 캔버스 크기 바꾸기

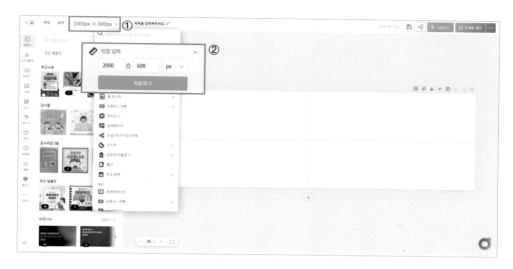

① 상단 메뉴 바에서 픽셀설정 박스를 클릭합니다.

② [직접 입력]에서 '2000×600'으로 설정합니다.

2. 배너 템플릿 불러오기

① [템플릿]–[검색창]에서 '벚꽃'을 입력합니다.

② 템플릿을 [웹 배너 가로형]으로 설정합니다.

③ 빨간 박스로 표시된 템플릿을 불러옵니다.

3. 캔버스 크기에 맞춰 배너 템플릿 조정하기

템플릿 크기와 캔버스의 크기가 맞지 않을 경우, 이미지의 배치와 크기를 조금씩 조정해 줘야 해요.

① ②를 양 끝에 배치하고 크기를 살짝 키워 주세요.

③의 기간, 위치, 문의 내용을 드래그해서 다중요소를 만들어 주고 방향키를 이용해 아래쪽으로 위치를 이동해 볼게요.

4. 텍스트 변경하기

① 텍스트를 바꿔 주세요. '봄맞이'

② 텍스트를 바꿔 주세요. '70% 세일'

③ ①번 '봄맞이'를 복사해 오른쪽에 붙인 뒤, '무료배송'으로 텍스트를 바꿔 주세요.

5. 제목 그림자 넣기

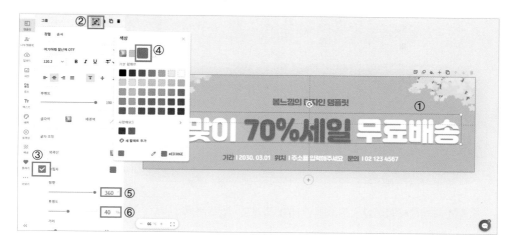

① 제목을 드래그합니다.

② 그룹으로 묶어 줍니다.

③ [그림자]를 체크해 주세요.

④ [그림자] 메뉴 오른쪽에 있는 박스를 눌러 [색상] 탭에서 '진한 분홍색'을 클릭해 주세요.

⑤ 방향은 360도로 설정해 주세요. 그럼 아래쪽에 그림자가 생겨요.

⑥ 투명도는 40%로 설정했습니다. 느낌에 따라 다양하게 조정해 보세요.

흐림 기능을 통해 그림자의 선명도를 조정해 보세요.

6. 텍스트 바꾸기

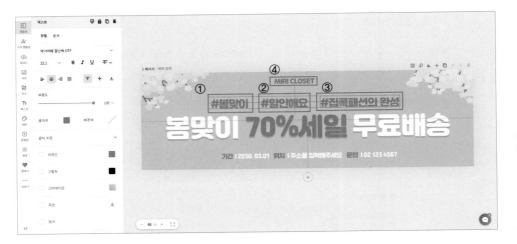

① 텍스트 바꾸기 '#봄맞이'

② ①번 복사해서 붙여넣은 뒤 내용만 바꿔 줄게요. '#할인해요'

③ ②번 복사해서 붙여넣은 뒤 내용만 바꿔 줄게요. '#집콕패션의 완성'

④ ③번 복사해서 붙여넣은 뒤 내용만 바꿔 줄게요. 'MIRI CLOSET'

7. 요소 추가하기 1

① [요소]를 클릭합니다.

② 돋보기 모양 아이콘이 있는 검색창에 '옷걸이'를 입력합니다.

③ 빨간 박스로 표시한 검정색 옷걸이 이미지를 클릭합니다.

④ 'MIRI CLOSET' 위에 옷걸이 이미지를 배치하고 크기 조정 후 검정색으로 색상을 바꿔 줍니다.

8. 요소 추가하기2

① [요소] 탭을 클릭합니다.

② [검색] 탭에 '플러스친구'라고 검색어를 입력합니다.

③ 빨간 박스로 표시한 요소를 선택합니다.

④ 텍스트를 '등록 시'로 바꿔 주세요.

9. 요소 추가하기3

① [요소] 탭을 클릭합니다.

② 검색창에 '포인트'를 입력합니다.

③ 빨간색 상자로 표시한 포인트 모양 요소를 클릭하고 배치 및 크기를 조정합니다. 포인트 모양

　　요소의 색상을 '진한 분홍색'으로 바꿔 줍니다.

10. 요소 배치하기

① 텍스트 박스를 클릭해 '10,000을 적립해 드립니다.' 작성 후 글자색을 바꿔 주세요.

전체 드래그한 뒤 다중요소로 설정해 중앙에 잘 맞춰 배치해 줍니다. 이제, 다운로드 받으면 끝!

미리캔버스 따라 하기!

블로그 스킨 만들기
https://youtu.be/tSw3YoKmTtA